日本超古代文明の「神・信仰・国家」とは

武内宿禰《たけのうちのすくね》の霊言

大川隆法
Ryuho Okawa

まえがき

正直言って次から次へと新しい歴史的事実が語られる。本書の霊言や、本書の周辺の霊言・リーディングでも、三十五年前に書き下ろした『太陽の法』や『黄金の法』とはズレのある事実が続々と出はじめている。

『太陽の法』や『黄金の法』も、大学までで教わった歴史を前提とし、経済発展のみに特化した戦後日本の時代の産物である。あの中国が、十四億人の人口をかかえて、世界を脅迫する時代や、北朝鮮が核ミサイルを保有している時代でもなかった。いわば、中国とアメリカに性善説が適用され、ソ連を脅威と感じていた時代だ。今は、アメリカ・ヨーロッパのキリスト教文明、中国を中心とする無神論・唯物論文明、日本やインドなど仏教・ヒンズー教文明、中東・アフリカのイスラム教文明などが覇《は》を競っている。

この三十五年に世界情勢も変わり、霊言・リーディングも積み重なってきた。また宇宙文明との交流も始まった。

今のところ私のスタンスは、霊界の住人にも言論の自由を与え、時代の検証に耐えうるかどうかをしばらく見守りたいと考えている。幸福の科学の教えの中にも、新しい仮説や新説が出はじめているのである。それであってこそ、何百人もの霊人から霊言をうけている証明でもあろう。

二〇二一年　六月二十二日

幸福《こうふく》の科学《かがく》グループ創始者兼総裁《そうししゃけんそうさい》
大川隆法《おおかわりゅうほう》

武内宿禰の霊言　目次

第1章　武内宿禰《たけのうちのすくね》の霊言《れいげん》

――日本文明の真のルーツに迫《せま》る――

二〇二一年三月二十九日　収録
幸福の科学 特別説法堂《せっぽうどう》にて

「霊言《れいげん》現象」とは、あの世の霊存在の言葉を語り下ろす現象のことをいう。これは高度な悟《さと》りを開いた者に特有のものであり、「霊媒《れいばい》現象」(トランス状態になって意識を失い、霊が一方的にしゃべる現象)とは異なる。

なお、「霊言」は、あくまでも霊人《れいじん》の意見であり、幸福の科学グループとしての見解と矛盾《むじゅん》する内容を含《ふく》む場合がある点、付記しておきたい。

第1章

武内宿禰《たけのうちのすくね》の霊言《れいげん》

――日本文明の真のルーツに迫《せま》る――

二〇二一年三月二十九日　収録

幸福の科学　特別説法堂《せっぽうどう》にて

武内宿禰《たけのうちのすくね》

大和朝廷《やまとちょうてい》初期の大臣《おおおみ》。景行《けいこう》、成務《せいむ》、仲哀《ちゅうあい》、応神《おうじん》、仁徳《にんとく》の五朝に仕え、蝦夷《えみし》の視察や、神功皇后《じんぐう》を助けての新羅《しらぎ》出兵、また、応神天皇の異母兄《いぼけい》である香坂王《かごさかのみこ》と忍熊王《おしくまのみこ》の反乱を鎮《しず》めたとされる。蘇我《そが》、葛城《かつらぎ》、巨勢《こせ》、平群《へぐり》などの諸氏の祖先とされている。古代文献《ぶんけん》『ホツマツタヱ』の著者ともいわれている。

［質問者はAと表記］

〈霊言《れいげん》収録の背景〉

本霊言は、天御祖神《あめのみおやがみ》や武内宿禰などを架空《かくう》の存在とし、自《みずか》らが取って代わって神になろうとする一部の霊人《れいじん》の発言に反応した武内宿禰の霊が、大川隆法総裁のもとに現れて収録された。

1　武内宿禰《たけのうちのすくね》が明かす「日本の正統な歴史」とは

なぜ、武内宿禰はやって来たのか

質問者Ａ　（お名前を）お願いします。

武内宿禰　武内宿禰《たけのうちのすくね》です。

質問者Ａ　歴史上の方？

武内宿禰　はい。

質問者Ａ　はい。こんばんは。

武内宿禰　ちょっと前に、けしからぬことを聞きまして。「『古事記《こじき》』『日本書紀《にほんしょき》』に天御祖神《あめのみおやがみ》は出てこないし、武内宿禰なる者は架空《かくう》の存在だ」と言った人（霊《れい》）がいますけれども。

質問者Ａ　ああ、言っていましたね。

武内宿禰　これは、看過《かんか》することはできませんな。事実は事実。彼らが新しすぎて分からなくなっているだけですから。

質問者Ａ　彼らというのは……。

武内宿禰　「『古事記』や『日本書紀』から日本の神々の歴史が始まっている」と思っている人たちでしょう。

質問者Ａ　ああ、そこに始まっている方々、神々。はい。

武内宿禰　戦前・戦中等は、武内宿禰はお札《さつ》にもなっていましたからね。

質問者Ａ　ああ、そうですね。

武内宿禰　知らないでしょう。

質問者Ａ　いえ、そうでしたね。だから、武内宿禰様自体を「架空の者だ」と言うことも間違《まちが》えているんですね。それは「聖徳太子《しょうとくたいし》がいなかった」と言っているようなものですよね。

武内宿禰　お札にするというのは……。

聖徳太子さえ「架空の者だ」と今、言い始めていますから。

質問者A　あっ！　聖徳太子も仏教を入れたから、そう言っている人は、潜在的《せんざい》に（仏教は異国の宗教だということで）跳《は》ね除《の》けたいのでしょうか。

武内宿禰　ですから、七〇〇年代以降の歴史……、日本の歴史を〝千三百年に縮めよう〟としている人たちがいるということですね。

質問者A　なるほど。

武内宿禰　事実じゃあない。

質問者A　ええ。

武内宿禰様が今も言える「日本の正統な歴史」というのは、どういうものでしょうか。

武内宿禰　それはそれは古い、古い古い、古い古いものですよ。

質問者A　はい。「天御祖神なるものは存在しない」と言う日本の神々も、ちらほらいるんですけれども、「それは事実ではない」と?

武内宿禰　まあね、今はかたちがないから分からないであろうけれども、それでも、「大和《やまと》の心を一言《ひとこと》で表せ」と言うなら、「富士山《ふじさん》の姿」に象徴《しょうちょう》されているので。

「霊峰《れいほう》富士への信仰《しんこう》」というのが、「大和の信仰」の本当の中心なんですよ。「奈《な》良《ら》だ、九州だ」というのは、もっとあとなんですよ。

質問者A　なるほどね。そこ（富士山）に天御祖神様が降り立ったということですものね（『天御祖神の降臨《こうりん》』参照）。

武内宿禰　そうなんです。だからね、古代には文明はあったんですよ。それが今ね、日本でも、埋《うず》もれておりますけどね。今は日本の怒《いか》りの中心も、富士山あたりに集まってきつつあるので。

質問者A　怒りの中心？

武内宿禰　うん。今の日本の国のあり方に対する怒りがね。

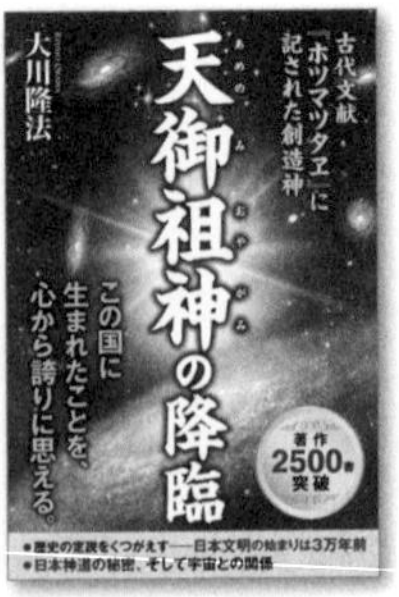

『天御祖神の降臨』（幸福の科学出版刊）

だから……、「〝出来損《できそこ》ない〟の奈良の白鳳《はくほう》文化ぐらいが、明治文化に焼き直しとして現れたようなもの」が近代の神道《しんとう》であるので。もっと根本的に直す必要があるかなと思っています。

質問者A　なるほど。

なぜ今、「日本文明の古さ」を説き直す必要があるのか

質問者A　昨日今日《きのうきょう》、特に総裁先生の心臓のほうが、ちょっと、けっこう重くなったり、やはり、「呪《のろ》いを感じる」と、ここ最近、おっしゃったりしているんですけれども、何か関係はあるのでしょうか。

今、来てくださって、天御祖神様のこともおっしゃってくださいましたので。

武内宿禰　はあ（ため息）。〝愛宕山《あたごさん》（愛宕神社）の信仰〟なんていうのはもっと、

もっともっと……。

質問者A　新しい？

武内宿禰　〝ちゃっちい〟。

質問者A　〝ちゃっちい〟。それはそうでしょうね。

武内宿禰　〝ちゃっちい〟もんでしてね。それはね、九州王朝や奈良王朝成立時に、まだ、そんな〝愛宕山の信仰〟なるものがなかったので。

質問者A　十分《じゅうぶん》、「天御祖神様がいてくださっても、ほかの神々も別に共存したらいい」と思うんですけど、やはり、そこをどけたいと思うということは、「自分がいちばんの最高の日本の神になりたい」という、ただそれだけですよね。

武内宿禰　いや、〝初代天皇争い〟をしているんですよ。初代天皇が、天御中主命《あめのみなかぬしのみこと》なのか、神武《じんむ》天皇なのか、それとも……。

質問者Ａ　国常《くにとこ》……。

武内宿禰　国常立尊《くにのとこたちのみこと》なのか、〝初代天皇争い〟をしているんですよ。「日本の神とは天皇のことだ」と思っている人がいるということでね。

質問者Ａ　それはあれですよね。今日、（霊言《れいげん》で）行基《ぎょうき》様がおっしゃっていた、要するに、「『Ｇｏｄ《ゴッド》』の神というよりは、『上に立つ者』という意味のお上《かみ》が天皇であって、それが日本の神だ」という、その思想に基《もと》づく、天皇の地位をめぐっての争いということですよね。

武内宿禰　うーん。だからねえ、まあ、「中国に文明が起きて、そのおこぼれに、大和の国、日本列島があずかった」という考えが、日本人のなかに今、洗脳され、薫習《くんじゅう》されているわけですよ。

これに対して、私たちは「少なくとも三万年前には巨大《きょだい》文明の礎《いしずえ》を築いた」と言っているわけで、今の「天皇制」なんていうのは、その十分の一もない歴史ですので。これよりもっと前の歴史がある。

だから、武内宿禰による『竹内文書《たけのうちもんじょ》』によれば、天皇はさらに少なくともまだ百代ぐらい前まで書いてありますよね。

これは、「分かる範囲《はんい》がそのくらい前だった。それより、もっと古いものまである」ということですね。

だから、日本の歴史は、今思っているよりずっと古い。

それを信じたくない人は、「日本は他国の植民地や属国だ」と思いたがっている人だということですね。

質問者Ａ　うーん、でも、神武天皇は置いておいて、たぶん、〝いちばん最初の神争い〟があると思うんですけれども、その方々は、でも、中国の属国だったということはあまり言いたくないところもあるし……。

武内宿禰　「確かに、中国に五千年の歴史がある」と思うておるんでしょう？　「稲《いな》作《さく》も中国から来た」と思うておるんでしょう？　「いろんな文化はみんな中国から来た」と思うておるんでしょう？　フン。

「仏教も中国から来たが、日本神道の基《もとい》も、インドにある鳥居が来たものだ」と思っておるんでしょう。「天狗《てんぐ》のもとはインドのガルーダだ」と思うておるんでしょう。「狐《きつね》のもとは中国にもいれば、そのもとを辿《たど》れば、インドのジャッカルか何かだ」と思うておるんでしょう。
まあ、残念だが、「日本文明の古さを、もう一度、説き直す必要があるかな」とは私は思っております。

質問者A　それを説けば説くほど、（それを否定する日本の神々から）呪われるという。悲しい……。

武内宿禰　はあー……（ため息）。

質問者A　どうして、そんなに自分の国の歴史を浅くしたいのでしょうか。

武内宿禰　はあー……（ため息）。

質問者Ａ　自分が「一番の神でない」と言われている気がするからということですよね。「お手伝いすればいい」と思うんですけれども。

武内宿禰　（地上に転生《てんしょう》してからの）実績がないからね。名前に執着《しゅうちゃく》しているんでしょうけど。

質問者Ａ　そうですね。

武内宿禰　実績が何もない。

2　今、明かされるべきは「天御祖神文明《あめのみおやがみぶんめい》」

「日本文明の古さと影響力《えいきょうりょく》」をどう見るか

質問者A　武内宿禰様的には、「天御祖神《あめのみおやがみ》の存在は知らない」とか言う人たちに対して、「そんなことはない」と、「事実は事実として、三万年前、富士山《ふじさん》を中心に天御祖神が降りられて、その地に文明があった」ということを言いに来てくださったということですよね。

武内宿禰　そうですよ。それは尊い文明で霊的《れいてき》で、武士道のもとになるものも降りたし、桜のごとく潔《いさぎよ》く散って、この世の命よりも久遠《くおん》の命を信ずる人たちは、すでに生きていましたからね。

桜は、世界に日本から広がったものです。

質問者A　なるほど。「桜も、実は天御祖神様にも関係する」と?

武内宿禰　そうです。

質問者A　なるほど。先ほど、「今、富士山を中心に怒《いか》りが集まっている」とおっしゃっていましたが……。

武内宿禰　今は中国がね、大きな問題になって、幸福の科学も中国問題を中心に言っておるけれども、これはねえ、超《ちょう》古代文明としての「天御祖神文明」を復活させないと、中国を完全に折伏《しゃくぶく》することはできないと思いますよ。
『古事記《こじき》』や『日本書紀《にほんしょき》』の時代は、向こうが唐《とう》の時代で、「先進国だ」と思われていましたからね。それでは駄目《だめ》ですよ。それ以前の日本人を〝バイキング〟のように思っているんでしょうから。そうではないということですよ。

質問者A　木花開耶姫《このはなのさくやびめ》様（の生まれ変わりの方）が、去年（二〇二〇年）〝散って〟いってしまわれたようなんですけれども……。

武内宿禰　まあ、地上の命はよろしい。

質問者A　やはり、何か関係があるのでしょうか。

武内宿禰　ああいう人は長く生きるべきでないので。

質問者A　そういう人生を生きる方ということですね。

武内宿禰　寿命《じゅみょう》がそのくらいしかなかったので、もともと。

質問者Ａ　なかったんですね。なるほど。

武内宿禰　そんなに、〝おばあちゃん〟になるまで置いとく予定がなかったので、ええ。

質問者Ａ　では、ある意味で寿命だったということですね。

武内宿禰　そうですね。〝美しいうちに散る〟のが彼女の使命なので、ええ。おばあちゃんになる予定がなかったということです。

質問者A　なるほど。

武内宿禰　ええ。

古代文明についても、一度、明らかにしておきたいなとは思ってはいます。

質問者A　まあ、来年、（法シリーズの予定は）『メシアの法』ですので。

武内宿禰　メシアのなかに……。

質問者A　天御祖神は入らないといけないですね。

武内宿禰　それはねえ、イスラエルの話をしてもね、それほどもう……。

質問者A　あっ、大丈夫《だいじょうぶ》です。イスラエルの話をする予定はたぶんなく、おそらく、「宇宙のメシアから総裁先生の魂《たましい》のごきょうだいのお話」でまとまるはずですので。

でも、そこに天御祖神様を入れることも可能ということですね。

武内宿禰　まあ、「ムー」だとかね、そんなようなものに、月刊の雑誌には、「古代文明」とかを特集されることもあるけれども、みんな、そういうのは、いわゆる〝古代史オタク〟がやるだけで、学問と思われておらんからね。

だから、「今から二千年も前は、日本はもう貝塚《かいづか》文化」ぐらいにしか思っていないんでしょう？　ええ。海で採《と》った貝を食べて、貝を捨てておって、貝塚ができていったぐらいの、この程度の文化でしょう。

あるいは、中国南方から移ってきた稲《いね》づくりが少し始まっていて、沼《ぬま》にポチポチと稲が植わっていたとか、もうこんなレベルの話でしょう、おそらくね。どっこい、そうじゃあないということだな。

質問者A　なるほど。では、また正式に、「天御祖神様がいらしたころの文明はどうだったのか」というのを……。

武内宿禰　だから、『古事記』や『日本書紀』を、時の政府がつくったものとして受け入れるとしても、せいぜい『新約聖書《しんやくせいしょ》』に当たるものであって、『旧約聖書《きゅうやく》』の部分が欠けているわけですから。

この部分は、現在でかすかに原形をとどめているのは、『ホツマツタヱ』だけれども、これでも、三万年の射程を全部は明かせていないし、日本文明が逆にインドや中国に影響《えいきょう》したことについて、人類はまったく記憶《きおく》していない。

質問者A　いろんな文明は影響し合ってはきてはいるんですけれども、日本が影響を受けただけではなくて、影響を与《あた》えた時代もあったんだということですね。

武内宿禰　古代の時代はね、それはねえ、一部、地続きのときもあったかもしらないけれども、日本人がね、シベリアまでマンモスを狩《か》りに行っていたときもあるんですよ。中国のねえ、龍《りゅう》を退治に行っていたときもあるんですよ。遺《のこ》ってないでしょう。まあ、残念ですね。

中国は紀元二千数百年前ぐらいまでは、文字による歴史がありますからねえ。だから、「文字による歴史が千年ぐらい遅《おく》れているから、日本が後《おく》れている」と思っているんで。そうじゃないですよ。孔子《こうし》なんていうのはね、日本のね、天御祖神のねえ、ずーっと〝末流《まつりゅう》〟ですからね。

質問者A　例えば、この間、神武《じんむ》天皇の霊言《れいげん》で、「神武天皇が実際に地上にいたときに、天御中主信仰《あめのみなかぬししんこう》とか、そういうものはなかった」「天照《あまてらす》信仰はあった」とおっしゃっていたんですけれども、なぜ、その……。（さらに、神武天皇は「天御祖神

は〝造物主〟と言っているようなもので、ご存在はあると思っていた」とおっしゃられていた）

武内宿禰　天照信仰は、九州から、それは中央部の奈良《なら》まで……。

質問者Ａ　神武天皇自体がね、九州でしたからね。

武内宿禰　ええ、ええ、三重《みえ》……、まあ、広がってはおりましたわね。
天御中主命《あめのみなかぬしのみこと》というのは、基本的には熊本《くまもと》ですよ。熊本のね、『風土記《ふどき》』から出ているんですよ。それを、（『古事記』の）編纂《へんさん》中に紛《まぎ》れて入れてしまったんでしょう。

質問者Ａ　各地の神話を集めていたから……。

武内宿禰　そう、そう。

質問者Ａ　いろいろ混じり合って、ということですね。

武内宿禰　はい。だけど実績がない。その伝承でしかないんでねえ。

質問者Ａ　あと、日本の新宗教とかを見ても分かるように、日本の神々は隠《かく》すじゃないですか、〝本名〟といいますか。

武内宿禰　はい。

質問者Ａ　「天理王命《てんりおうのみこと》」といっても、結局、誰《だれ》かははっきりしないところもあるし、何か実体がつかみにくいということがあると思うんですけれども、そういうことも混乱の原因にはなっているんですかね。

武内宿禰　うーん、まあ……、日本の歴史と宗教は全部、天皇制につながっていることになっているんでね。

質問者A　うーん。でも、今、把握《はあく》している天皇制自体が、極《きわ》めて〝新しいもの〟であると？

武内宿禰　ですから、神武即位《そくい》からが正統で、それ以前にあったことを言おうとして、（最初に出てくる神を）『古事記』では国常立《くにとこたち》に……、いやいやいやいやいや。

質問者A　『日本書紀』……。

武内宿禰　『古事記』では天御中主命《あめのみなかぬしのみこと》で、『日本書紀』では国之常立神《くにのとこたちのかみ》（国常立尊《くにのとこたちのみこと》）と言っているが、これらはみんな、地方の豪族《ごうぞく》ですよね。豪族の先祖の名前を言っているだけでね、天皇の始まりじゃないです。

だから、本当の日本の大和《やまと》の文化は、（約一万七千年前の）ムー文明（『公開霊言　超古代文明ムーの大王　ラ・ムーの本心』参照）より前だということです。

質問者Ａ　〝さらに前〟があるんですね。

武内宿禰　天御祖神はラ・ムーより前なんです。

質問者Ａ　天御祖神をこんなに否定する……、まあ、やっぱり、天御祖神様に会ったことのある人は少ないのでしょうか。二十万人を引き連れてこられたんですよね、でも。

『公開霊言　超古代文明ムーの大王　ラ・ムーの本心』（幸福の科学出版刊）

仮に二十万人のうちの一人で一緒《いっしょ》に来ても、天御祖神様の顔を知らない人もいっぱいいますか、二十万もいたら。

武内宿禰　それ（天御祖神を否定する日本の神々）は、もう、ずーっとずーっと子《し》孫《そん》の子孫ですからねえ。「自分らのときから国づくりが始まった」みたいな言い方をしているが、それはねえ、「その豪族の歴史なんだ」と言っているんで。

質問者A　日本を覆《おお》うものではなく、各地方の豪族の族長《ぞくちょう》というか。

武内宿禰　そうそうそうそう。そういうこと。

質問者A　首長《しゅちょう》ということですよね。

武内宿禰　そういうこと。

古代の日本の優《すぐ》れた神々は中国に行って何をしたのか

質問者A　武内宿禰様自体は、天御祖神様にお会いになったことはありますか。

武内宿禰　まあ、私はねえ、日本の、うーん……、〝図書館長〟のようなものだからね。日本の歴史を管理していますから。

質問者A　では、やはり、呪《のろ》いはそこ……。今日、来てくださったということは、呪いは、やはり、〝そのへんを消したい〟というか、そういう感じの呪いが強いということでしょうか。

武内宿禰　だから、戦前には武内宿禰の紙幣《しへい》があったというのを、戦後は全部否定してしまって。

質問者A　本当ですよね。誰だ、昨日《きのう》（天御祖神や武内宿禰はいないと）言ったのは……。

武内宿禰　文献《ぶんけん》として遺っているものとしては、『古事記』『日本書紀』以降であって、それ以前は、もう事実上、「神話」に変えようと今していっているんですよ。そしてねえ、奈良の石舞台《いしぶたい》（古墳《こふん》）があるような、あんな〝原始人のストーンサークル〟ぐらいにしようとしているんですよ。ちょうど、オーストラリアのアボリジニみたいに思おうとしているんですよ。

質問者A　でも、中国も、そういうふうに日本をしたいけれども、日本国内の人も、やはり、〝自分かわいしの人〟は、そういう日本であってくれたほうが都合《つごう》がいいということですよね。

武内宿禰　日本はね、だから、「木の文化」だからね。

質問者A　ええ。なくなるんですよね。

武内宿禰　だから、遺っていないんだよ、それほどね。だから、今は土に埋《うず》もれているのでね。あるいは、火山灰にそうとう覆われているため、古代文明の痕跡《こんせき》が出てこないんですよ。

まあ、富士の裾野《すその》にはあることはあるんだけど、もう、それはそうとうの大開発でもしたら、出てくる可能性はありますけどね。

質問者A　あると。なるほど。

武内宿禰　何百メートルも、もう土等は積もり、今、木が生《は》えていますからね。

質問者A　洞庭湖《どうていこ》娘娘《ニャンニャン》さんが、「『中国で徳治政治が行われた』と言われている中国の神話の時代の、『実在したかどうか怪《あや》しい』と言われている、『堯《ぎょう》』とか『舜《しゅん》』とか、その賢帝《けんてい》がいらっしゃった時代は本当にあって、さらに、そこには天御祖神様の光が流れている人たちがいた」ということをおっしゃっていたのですけれども（『大中華《だいちゅうか》帝国崩壊《ほうかい》への序曲』参照）。

武内宿禰　まあ、徳に当たるものはね、それは世界にはあるけどね。しかし、〝漢字〟における「徳」といわれるものはね、天御祖神から出ているんです。

『大中華帝国崩壊への序曲』（幸福の科学出版刊）

質問者A　はい。では、そういう流れもあったということは、そうだと捉《とら》えてよいのでしょうか。

武内宿禰　だからね、日本の優《すぐ》れた昔の神々は、中国にも布教《ふきょう》に行っとるんですよ。インドにも行っとるんですよ。

質問者A　やはり、その国とかその土地を、さらによい国にするために行っているということですよね？

武内宿禰　そうです。
　だから日本もねえ、そんなねえ、島国に考えて、「新しい国だ」と思わないほうがいいです。だからユーラシア大陸はね、インド大陸も含《ふく》めてね、日本のものなんですよ。

質問者A　まあ、そういう言い方をすると、本当にもう、「中国のもの」と「日本のもの」という争いにしか、たぶんならないんですけれども。

もともと、神のものではないですか。ですから、世界各地に降り立った、神の流れを引く人は確実にいたということですね。天御祖神という人が富士山のあたりに降り立って指導をして、その文化が中国にもインドにもちゃんと流れていると？

武内宿禰　そうですよ。堯や舜は、それはみんな知っていますよ。知っていますが、これでも、まだだいぶ……。

質問者A　〝新しい〟んですよね、まだ。

武内宿禰　新しい。〝末流〟ですのでね。うーん、まだまだ、まだまだですね。

3　日本の立て直しに向けて

「歴史の教科書」を書き直す必要性について

質問者Ａ　天御祖神《あめのみおやがみ》様は、この間、最初に（霊言《れいげん》に）来られたときに日本語がしゃべれなかったため（『天御祖神の降臨《こうりん》』〔前掲《ぜんけい》〕、『「天御祖神の降臨」講義』参照）、「そんなやつのことを信用できるか」と言う人もいたんですけれども。

武内宿禰　うーん、まあ……、いろいろと事情はあるからねえ。明かしたくない時期もあったから。

質問者Ａ　なるほど。

『「天御祖神の降臨」講義』
（宗教法人幸福の科学刊）

武内宿禰　しかたがない。時が来たら明らかになるけど。その時でないときには……。

質問者A　方便《ほうべん》とか……。

武内宿禰　「明かしたくない」ということも、あるわなあ。

質問者A　はい。では、少しずつ明かしていただくときが来れば……。

武内宿禰　うん、「明かすときが、今は来ている」ということだ。

質問者A　なるほど。

武内宿禰　だから、私たちは、「あなたがた（幸福の科学）が教えている教えは、それは民族神の教えではない」と言っているわけですよ。（それに対して）民族神は、「いや、われらの国だ」と言い返しているわけですよ。

質問者Ａ　まあ、そういうことですよね、やはり。（こちらの）解釈《かいしゃく》は合っていますよね。もう、そうとしか見えないです。

武内宿禰　はい。だから、（民族神の主張へは）「そんなもんじゃない」と言っている。

質問者Ａ　そういうことですよね。というか、民族神の方々も（幸福の科学の教えを）勉強して、もっと立派な神になれるチャンスということですものね？

武内宿禰　ええ。だからねえ、今の「歴史の教科書」は間違《まちが》っているんですよ。それを書き直す必要があるんですよ。まあ……。

質問者A　なるほど。本当に、ご助力ありがとうございます。

武内宿禰　まあ、もう一度ねえ、もう一度、その正しいね……。

質問者A　歴史を……。

武内宿禰　「正しい日本の国史」をね、宗教的な神の視点からね、明らかにしたいと思うけど。

世界の三万年前さえ分かるまい、おそらく。

質問者A　確かに。

武内宿禰　エジプトでも（三万年前の）歴史がないでしょう。エジプトも、まあ、六千年ぐらいあたりから先が、六、七千年から前がもう分からない。

質問者A　というか、（総裁先生は）「宇宙の法」で三億年前とか一億五千万年前まで描《えが》いてくださっているのですから、三万年前に総裁先生の魂《たましい》につながるご存在がいらっしゃらないわけがないですよね。

武内宿禰　そりゃあ、そうでしょう。アトランティスやムーが沈《しず》んでもよかったのには、理由があるんですよ。

だから、日本に光はあるから、ここからユーラシア全体に、まだ教えは伸《の》びていくからね、大丈夫《だいじょうぶ》だったんですよ。

質問者A　なるほど。本当に（数学者の）岡潔《おかきよし》先生（の「日本民族の歴史は〝万年単位〟の昔からあった」という説）も当たっていたと？

武内宿禰　いや、そのとおりですよ。まことに。

質問者A　まことに、そのとおりでしたね。

武内宿禰　まことに。まことに、そのとおりです。「もっともっと古いんだ」と思ってください。

そして、古代はもっと優《すぐ》れた面があったんで。「宇宙から大船団で来られる」ということは、その文明がそんな低いわけがないでしょう。

まあ、神が降臨したような、神話としてはいろいろ遺《のこ》ってはおりますがね。だけど、本当ではない。本物はもっと古い。古いということだよね。

武内宿禰が一言《ひとこと》、言っておきたいこととは

武内宿禰　いや、彼らは「別の時代」には……、まあ、「別の時期」にも、もちろん出てはいることもありますがね。

質問者A　誰《だれ》がでしょうか。

武内宿禰　だから、古代日本をつくった人たちも、その前にね、また別の古い、もっともっと古い時代に、他の地球の文明づくりに参加した方もいらっしゃいますよね。

今、「エル・カンターレの法」を最終的に固めていかねばなりませんのでね。

質問者A　うーん。「宇宙の法」にも行き始めていますからね。

武内宿禰　まあ、日本のね、日本の意見の発信をもっと大事にしなければいけまい。まあ、西洋のも浅いですがね。西洋の歴史も、まあ、せいぜい、ギリシャの時代程度、もっと古く言って、西洋・東洋を合わせて、エジプトやメソポタミアぐらい、まあ、六千年、七千年ぐらいだよね。

質問者A　そうですね。

武内宿禰　「〝もっと前〟の文明がある」と言っているので、ええ。

質問者A　でも、やはり、民族神の上の「造物主信仰《しんこう》」が、日本はけっこう消えてしまっているところがあるのかなと思いますので。

武内宿禰　うん。

質問者Ａ　やはり、そこをもう一回打ち立てないと、たぶん、その正義の観点とかも取り戻《もど》せないのかなという感じはありますよね。

武内宿禰　うん。まあ、でも、その残りね、これからの大川隆法の残りの人生が、そうした本物の救世主であり、また神でもあった存在が、どんな教えを……。

質問者Ａ　説かれるか。

武内宿禰　説いてきて、地球文明ができたのかということですよ。

質問者A　なるほど。ありがたい。ありがたい期間が、どうか護《まも》られますように。ご助力をまたお願いできればと思います。

武内宿禰　はい。いや、私は負けませんよ、うん。決して、そんな古代の地方の豪《ごう》族《ぞく》のね、その頭《かしら》より劣《おと》るものじゃありませんのでね。ええ、ええ。

質問者A　はい。

武内宿禰　まあ、とりあえず、それだけ言っておきたいので。

質問者A　いや、霊調《れいちょう》も悪くてどうしようかと思っていたので、とても心強くありがたかったです。

武内宿禰　天狗《てんぐ》はたかだか千四百年ぐらいしか歴史がないので。

質問者Ａ　わりと多い。しかも、なぜか多いのが、よくは分かりませんが。

武内宿禰　まあ、山伏《やまぶし》とね、日本神道《しんとう》が合体しているので。まあ……、もう一回、立て直しをやらなくちゃいけません。

質問者Ａ　そうですね。本当の歴史を日本国民には知る権利もありますし、知る義務もあると思います。

武内宿禰　ここは、「世界の中心」なんです。

質問者A　はい。ありがとうございました。

武内宿禰　まあ、一言《ひとこと》、言っておきます。まあ、もうちょっと詳《くわ》しい話はしなきゃいけないが、私が天皇を二百何十代まで語っているけども、それは三万年を語ったら、それでは済まなくて。いや、二千ぐらいは語らないといかんでしょうから、まあ……。

質問者A　でも、ずっと「天皇」だったかは分からないんですものね。

武内宿禰　そう、そう。それは、今、そういう呼び名をしている。だから、「キング」になったりね、それは、「祭司」になったり、いろんなかたちはあったでしょうから。

まあ、文明は、一本調子に上がっているわけじゃないんで。上がったり下がったたりしていますからね。

まあ、そのへん、自信を持ってください。

質問者A　はい。

武内宿禰　あなたも〝フェイクの唱道者《しょうどうしゃ》〟と思われているんだろうから、（そういうことを）許してはなりません。

質問者A　はい。

本当にありがとうございます。

武内宿禰　はい。

質問者A　また、今後もよろしくお願いいたします。

武内宿禰　はい。

第2章　武内宿禰《たけのうちのすくね》の霊言《れいげん》

――神・信仰《しんこう》・国家――

二〇二一年五月十四日　収録

幸福の科学　特別説法堂《せっぽうどう》にて

［質問者三名は、それぞれＡ・Ｂ・Ｃと表記］

1　古代史上の謎《なぞ》の人物「武内宿禰《たけのうちのすくね》」

戦前はお札《さつ》の肖像《しょうぞう》だった武内宿禰

大川隆法　おはようございます。今日は、教団のほうでは、「美しき誘惑《ゆうわく》─現代の『画皮《がひ》』─」（製作総指揮・原作 大川隆法、二〇二一年五月十四日公開）という映画のファーストラン、初日上映で、みんなそちらに行って、いないかもしれないと思って、ちょっとあれなのですけれども、映画期間中、私のほうはあまりすることがなくなるので、〝貯金〟のつもりで、霊言《れいげん》とか説法《せっぽう》とか、まだちょっと十分にできていないと思うところを調べておこうかと思ったりしております。

そういうことで、（本収録の）上映はどうなるか、いつになるかとかは分かりませんけれども、とりあえず今日は、これをやったほうがいいかと思うものをやります。

テーマは「武内宿禰《たけのうちのすくね》の霊言」です。読み方はいろいろあります。「たけのうちのすくね」以外にも、「たけしうちのすくね」とか、「たけうちのすくね」とか、いろいろあるのです。

先日は夜中に一回お出《い》でになって、録音したものはありません。寝《ね》ていても寝られなくて、「何か来ているかなあ」と思ってやったところ、ちょっと〝意外な人〟が来てしまったので録《と》ったのです。公開していないかもしれないけれども、いずれ公開されると思いますが（収録当時。本書第1章参照）、やはり日中キチッと録らないといけないかなという気持ちはずっと持っておりましたので、今日録り直してみようかと思っております。

武内宿禰は、戦前は有名で、一円札（の肖像《しょうぞう》）にもなっていたので、みんな知っていました。お札《さつ》にすると、みんな知っているのです。しかし、戦後になると、もう記憶《きおく》が薄《うす》れていって、どんどん「伝説の人」になっていっていると思います。

それから、聖徳太子《しょうとくたいし》が戦後は長らく一万円札の座を占《し》めていました。私の子供時代から大人になるまでずっと聖徳太子で、聖徳太子といえば一万円札というぐらいの感じの〝連想ゲーム〟だったのですが、あれは一九八〇年代ですかね、そのあたりに福沢諭吉《ふくざわゆきち》に変えたのではなかったかと思います。そのくらいではないかと思うのです。今の若い人たちは福沢諭吉しか知らないと思うのですけれども、そのころから、福沢諭吉が一万円札になっています。

一万円札の肖像が聖徳太子《しょうとくたいし》から福沢諭吉《ふくざわゆきち》に変わってどうなったか

大川隆法　それはそれで、福沢《ふくざわ》さんも明治に偉業《いぎょう》をなした方でご立派だから、悪くはないかとは思います。しかし、聖徳太子《しょうとくたいし》を一万円札に出していたころは戦後景気がガーッとよくなり、日本が高度成長していたのですけれども、福沢諭吉《ゆきち》に変わってから、どうも調子が悪い二、三十年ですね。景気が低迷《ていめい》し続けているような気がしてならないんですよね。これは何か意味があるのではないかという気がちょっとしています。

福沢さん自体は偉《えら》い人だと私も思っているし、本のなかでもそう認めているところもあるのですけれども、ただ、ちょっといけないところとして、信仰《しんこう》を軽《かろ》んじたところはあります。

時代的に、江戸《えど》末から明治の時代というのは、やはり、それまでの伝統を捨てて近代化しなければいけない時代であったから、「実学の精神」はとても大事だったと思うし、まあ、そういうものを認める宗教としても、幸福の科学はわりあい認めているほうだとは思うのです。

ただ、『福翁自伝《ふくおうじでん》』を、慶應生《けいおうせい》でもないけれども私は読んだことはあるのですが、やはり気になったところはあります。「神様を祀《まつ》っている祠《ほこら》を開けて、なかにご神《しん》体《たい》としていったい何が入っているのかと見てみたら、ただの石ころだった」ということで。「なあんだ、石ころを拝《おが》んでいるのか」と。まあ、丸石か何か入っていたのでしょう。そういうことで、「ご神体をなかから取り出して捨てた」みたいな、いたずらをした話が確か書いてあったと記憶しているのです。

『福翁自伝』は口述筆記《こうじゅつ》なのですが、「みんな罰《ばち》が当たるぞと言っていたけど、何にも起こらなかったぞ」と言っているようなところがあるので、慶應出身の方にはちょっと申し訳ないし、聞きづらいとは思うけれども、若干《じゃっかん》、信仰心とか、神に対する畏敬《いけい》の念が薄いような気がしてなりません。『福翁自伝』の影響《えいきょう》が、読んでいなくとも、ちょっと出ているのかなと思う。

だから、幸福の科学も早稲田《わせだ》のほうが圧倒的《あっとう》に強いのです。勢力的に見ると、早稲田のほうの数がやたらと多いのです。早稲田は信仰を否定していないけれども、慶應のほうには根本《ねもと》にちょっと否定している部分が一部あることはあるので、そういうところもあるのかなという気もしてはおります。

ただ、諭吉さんが捨てた石ころというのも、「それを神として拝むかどうか」というと、幸福の科学のほうにも、そういうものに対しては一定の疑問はあります。いちおう対象として、それを通して神を見ているならよろしいのですけれども、そのころは、何でもかんでも神にするような気《け》もあったことはあったのです。「もの」を神にしたり、「動物」を神にしたりする流れが長かったのです。

今かかっている「美しき誘惑―現代の『画皮』―」という映画も、天狗稲荷神社《てんぐいなり》が出てきて、それと「未来の科学」という宗教がある意味ではぶつかっているようにも見える映画ではあるので、神道系《しんとう》の流れのなかに紛《まぎ》れ込《こ》んでいるものとも一部ぶつかっているのかなと思います。宗教的に一部ぶつかっていて、若干、波立っているかなと。

実際、そういうものを祀って、いまだにやっているところもあります。太閤秀吉《たいこうひでよし》なんかも稲荷信仰はずいぶんやっていたようです。私は拝んだことはないのですけれども、伏見《ふしみ》稲荷なんかはおそらく大きな力を持っているのだろうと思うのです。「稲《いね》が生《な》る」ということで、まあ、昔は五穀豊穣《ごこくほうじょう》というのは神様の恩恵《おんけい》としては最大のものの一つですから、稲と稲荷、狐《きつね》さんがつながった部分はあるのかなとは思います。

そういうものとか、蛇《へび》を信仰したりとか、いろいろな動物信仰もあるし、それから、妖怪《ようかい》とか天狗とか鬼《おに》とか、いろんなものを祀っているものもあって、内容を確かめようがないので、まあ、いいものもあるかもしれませんけれども、悪いものもあるかもしれないということで、ちょっとこのへんが判然《はんぜん》としないので、少し日本の霊界《れいかい》を今整理しようとしかかっているのですが、整理しようとするとやはり抵抗《ていこう》が出てきて、なかなか難しい。

表と裏で「裏」に分類されると力が落ちるし、裏ではなくて「地獄《じごく》」までやられると〝もはやご利益《りやく》なし〟になってしまうから、抵抗は激しくて、なかなか困難を感じております。

いろいろな伝承があるものについては、ある程度は受け入れようとは思っていますけれども、若干そうした宗教的な整理の意味合いはあります。

自分の国の歴史に誇《ほこ》りを持つことはなぜ大切か

大川隆法　また、現代の「歴史学」や「宗教学」の手法がやや証拠《しょうこ》主義みたいになっているので、警察の鑑識《かんしき》が鑑定するような感じの「ものが出てこないと認めない」とか、「文献《ぶんけん》を精査して本物か偽物《にせもの》かみたいなのをやる」とかいう傾向《けいこう》があって、ちょっとでもいかがわしいと排斥《はいせき》してくる気《け》はありますので、歴史否定を一生《いっしょう》懸命《けんめい》やっているところはあります。

というのも、おそらく戦後の歴史観は、もう左翼《さよく》史観に一挙に持っていかれた流れであるので、できるだけ否定したいというか、神代《かみよ》の時代は否定したいのです。証拠がはっきり残っているもの以外はもう否定したいし、「日本人は長く原始人であればあるほど、戦後の左翼史観から見ればいいんだろう」と思って、歴史を短くしたくなっているのではないかと思うのです。

だから、「武内宿禰なんかも、こんなのは実在の人物ではない」と言う人もいて、もしかしたら歴史学者に訊《き》けば、大部分はそうなのかもしれません。

あとは、聖徳太子。

最近、いろいろと読んでいるのですが、聖徳太子も私らのころは一万円札で厳然《げんぜん》として存在していたし、そういう一万円札を否定してはいけないことだし、生きていけないので、そんな考えはなかったのですけれども、お札から消えてから二、三十年たちますと、歴史の本を読んでいても、「聖徳太子の実在性を否定するのがもう通説だ」みたいなことを書いているものもあるので、「えっ！　そこまで来たの？　わずか二、三十年で、そこまで来たのか」と、ちょっと驚《おどろ》きを禁じえないのです。ああいうふうな、親も分かっており、奥《おく》さんの名前も分かっており、子供も分かっており、何をしたかが分かっていて、それで子孫《しそん》が誰《だれ》に攻撃《こうげき》されて殺されたかまで分かっている人まで、実在を否定されてきているのです。

だから、「ちょっと危ないかなあ。自分の国の歴史を愛さない人間は、国を滅《ほろ》ぼしていく人たちなんじゃないかなあ」というふうな気持ちは持っています。

先の大戦の敗戦の反省から入って、そういうふうになってくるのも分からないことはないけれども、しかし、それは、日本民族が滅びていくのを願っている人たちを〝助ける力〟にもたぶんなってしまうことになるのではないかと思います。

歴史に誇《ほこ》りを持っている民族は、なかなか滅びないところがあります。例えば、今だったら、まあ、問題にはなっていますけれども、イスラエルみたいな国がそうです。人工国家で、戦後できたというか、一九四八年に土地をもらってつくった国家です。千九百年間、国がなかったのですけれども、それでも、民族の歴史というものに誇りを持っているから、国ができて、なかなか小さいのに、(周辺国が)潰《つぶ》そうと思っても潰れないで、頑張《がんば》って戦っているようです。

善悪はちょっと今、言いませんけれども、そういうところがあるので、日本の国も歴史を否定してしまえば、おそらく〝根《ね》なし草《ぐさ》〟になるのではないかという気はします。歴史の検証として、何が正しいかを考えるのは別の問題として、「誇り」に当たる部分は捨てるべきではなかろうと思います。

聖徳太子を否定する考えなんかでも、そうです。『日本書紀《にほんしょき》』は、聖徳太子をものすごく持ち上げて「超《ちょう》天才」みたいな書き方をしているのですけれども、百年ぐらいの歴史ですから、わずか百年ぐらい前の人がそうなるのは、当時でもたいへん珍《めずら》しかったらしいのです。

けれども、『古事記《こじき》』のほうが（聖徳太子に）ほとんど触《ふ》れていないので、ここの戦いもあって、『日本書紀』のほうを信じる人のなかには、八年前にできたという七一二年の『古事記』を否定している人もいます。「八年後の七二〇年にできた『日本書紀』が本当だったら、先にある『古事記』を引用するはずだ。それを引用していないのはおかしい」ということで、『古事記』を否定するような流れもありますし、いろいろと難しいのです。

「武内宿禰」の名で責任のある霊《れい》を招霊《しょうれい》する

大川隆法　これ以外にも、もっと昔のものもあって、『竹内文書《たけのうちもんじょ》』とかは武内宿禰とも関係があるのではないかと思われますが、『竹内文書』とか『ホツマツタヱ』とか、その他いろいろとあるのです。

あとは、『宮下文書《みやしたもんじょ》』というものもあります。これは、富士山《ふじさん》の主《しゅ》として北側、北麓《ほくろく》のほうを中心として巨大《きょだい》王朝があったという説を書いているものです。『宮下文書』というのがあって、「富士王朝が最初にあり、そのあと九州王朝にそれが移行して、それから九州王朝から奈良《なら》を中心とする奈良王朝に移動した」という話になっております。日本の歴史をそれで見ると、少なくとも五千年近くはあるぐらいになるのかとは思います。

まあ、この武内宿禰という人は、「五人の天皇に仕えた」と書かれているために、「計算すると、年齢《ねんれい》が三百歳《さい》ぐらいはあったと思われるから、ありえない」というようなことで、否定する人もいるのですけれども、もしかしたら、大臣ではあったのでしょうが、役職として家系で継《つ》いでいた可能性もあります。今の歌舞伎《かぶき》俳優とか、あんなような感じだったのかもしれないので、本人が確定しない面もあることはあるのですけれども、全部を否定するのはちょっと問題なのかなというふうには思っています。

そして、日本の歴史を天皇に奉納《ほうのう》したのが景行《けいこう》天皇のときだと言われておりまして、それから、景行天皇からあと五代の天皇に仕えたということになっているわけです。景行天皇の子供の一人が日本武尊《やまとたけるのみこと》ですので、そのころということになると、『古事記』『日本書紀』よりも、おそらくは何百年か前であることは確実ではあります。だから、景行、成務《せいむ》、仲哀《ちゅうあい》、応神《おうじん》、仁徳《にんとく》と五代にわたって仕えたという、これを疑う人は、歴史学者には多いのだと思います。

仁徳天皇陵《りょう》はありますけれども、その前の天皇は疑う人もいます。また、「(武内宿禰は) 神功《じんぐう》皇后のときにも手伝った。神功皇后に神がかかったとき、審神者《さにわ》をやった」とかいわれているのですけれども、神功皇后もまた存在を疑っている人もいたりして、なかなか難しい。

まあ、というようなことを前置きとして、ほかにも霊言として録ったものはありますけれども、今日は当会の識者のみなさんがたと、日本神道にも、もしかしたら深いご縁《えん》があるかもしれない女性にも（質問者に）加わっていただきまして、今、「画皮」で渦巻《うずま》きができているあたりをちょっとでも整理整頓《せいりせいとん》していく力になればというふうに思っています。

古代の歴史になると、もう、当会の編集局でも頭が〝破裂《はれつ》〟してしまうでしょう。こんなものは整理しようとしても、どれが本当かと言っても、分からないでしょう。「偽書《ぎしょ》はどれかと言われても、どれも偽書にも見えるし、どれも本物にも見えるし」というところですね。

そして、『古事記』『日本書紀』には出ていないのですけれども、それ以外の文献のなかには、「天御祖神《あめのみおやがみ》」という存在が出ていて、当会のほうでは最近、「天御祖神というのは実在する神だ」ということも言っております。

そういう考え方を否定する方ももちろんいると思うのですけれども、そのへんの「証拠固め」というか、エビデンス、証拠の一つとして周辺の霊言を録っておく必要はあるのかなと思っています。

ただ、「天御祖神は三万年ぐらい前」という説もあるので、ちょっとここまでは文献的には届きかねる。今あるのは天皇が百二十六代ぐらいなのでしょうけれども、古い文献になれば、あと百代ぐらい天皇が載《の》って二百何十代まで行くものぐらいは遺《のこ》っているのですが、それから先になると、もうさすがに分かりかねるところはあります。

まあ、ちょっと、あまり言ってもあれですので。適宜《てきぎ》、「ザ・リバティ」が売れるようにでもいいし、本として成り立つようにでもいいし、素朴《そぼく》な疑問でもいいですけれども、できれば今日明らかにしておきたいと思います。

では、よろしくお願いします。

副題として、「神・信仰・国家」と書いたのですが、神の概念《がいねん》が日本ではとても難しいのです。八百万《やおよろず》、八百万《はっぴゃくまん》も現れたら、ちょっと、神としてはもはや認識不能ではあるので、神や信仰、それから国家の成立あたりについて、何か固める材料ができないかなというふうに思っています。

武内宿禰は複数いる場合もありえるから、どうしたらいいでしょうか。どういうふう……。

質問者Ａ「初代」の武内宿禰様をお呼びしてみれば……。

大川隆法　うーん、初代かどうかは分からない、一人かもしれない。『旧約聖書《きゅうやくせいしょ》』を見ても、昔、千歳《さい》ぐらいまで生きたという人はいっぱい出てくるからね。これを否定してかかったら、もはや分からないので。昔は、年数を数えることがなかったかもしれないので、ちょっと分からないのですけれども。

編集の責任者からは、「初代」という声がかかっておりますが、武内宿禰の名前で責任のある方、責任を持てる方、どうか出てきてくださいまして、教えを説いてくだされば幸いです。

武内宿禰よ。武内宿禰よ。どうぞ、その実体を現したまえ。お願いします。

（約十五秒間の沈黙《ちんもく》）

2 五代の天皇に仕えた武内宿禰の役割とは

武内宿禰の当時の立場や仕事について

武内宿禰　うーん……（ゆっくりと手を三回叩《たた》く）。わしも、「つくりもの」になってしもうたかのう。うーん、うーん……。君……。

質問者A　武内宿禰様でいらっしゃいますでしょうか。本日は、ご降臨賜《こうりんたまわ》り、まことにありがとうございます。

武内宿禰　うーん、うーん。うーん……。

質問者Ａ　今、大川隆法総裁先生の導入の解説部分でもございましたように、武内宿禰様は歴史のなかでは、戦前は非常に有名で、お札《さつ》にも印刷されて、立派な肖像《しょうぞう》画《が》が全日本国民のほうにも認識されておりましたが、戦後の歴史の流れのなかでまったく分からなくなってきておりまして、「伝説の存在」ということで、今、謎《なぞ》がございます。

本日は、「武内宿禰様のお名前に責任のある霊人《れいじん》」ということで、お越《こ》しいただきましたけれども、当時のお心や、今現在、何を思っているか等を伺《うかが》いたく存じます。

また、テーマとしましては、「神・信仰《しんこう》・国家」というふうにタイトルを付けさせていただいておりますけれども、ぜひ、できれば、どのようなお立場で当時、大和朝廷《やまとちょうてい》の初期に活躍《かつやく》しておられたのか、もし、そのあたりの肌触《はだざわ》りがあればお教えいただけましたら幸いに存じますけれども、いかがでしょうか。

武内宿禰　うーん……。そんなに信じられんかのう？　何が、そんなに、みんなには引っ掛《か》かっておるのかのう？　うーん。

やっぱり、「神功皇后《じんぐう》の新羅遠征《しらぎえんせい》」なんかのときに手伝った」とか書いてあるから、それが、戦後の敗戦史観では引っ掛かっておるのかのう。うーん……。よう分からんが。

質問者A　お話をずっと辿《たど》っていきますと、どうやら五代の天皇にお仕えになられたということで、実際、年齢《ねんれい》としましては「約三百歳《さい》ぐらいだったのではないか」というふうにも推察され、記録にも遺《のこ》っておりますが、現代人から見ますと、「三百歳を生きた」ということや、さまざまな謎が謎を呼んで、実在を疑っているところにもなっているかもしれませんので、このあたりは……。

武内宿禰　戸籍《こせき》がないでなあ。

質問者Ａ　戸籍がない？

武内宿禰　うん。だから、今みたいに戸籍に書いていないから、それはね、計算は難しいし、自分の年齢を訊《き》かれてもなあ、分からなくなってくることもあるからなあ。

「宿禰」っていうのは役職ではあるから、武内の……、そういう、何だろう、まあ、神降ろしをしたり、審神者《さにわ》をしたり、あるいは天皇家の歴史等を保管したり、そんなような仕事をしている由緒《ゆいしょ》ある家柄《いえがら》であって、代々、大臣をだいたい出しているような家柄ではあったということだわな。

質問者Ａ　武内宿禰様は当時、宰相《さいしょう》とか、大臣とか、そうした政治的なお立場に立たれていたという理解でよろしいでしょうか。

武内宿禰　うん、うん。うん。

質問者A　神降ろしもされつつ、天皇の歴史までまとめつつ、大臣もされていたということですか。

武内宿禰　うん。まあ、仁徳《にんとく》のころは、わしではなかったような気がするんだが。うーん、さすがにちょっと、もうちょっと子孫《しそん》であったようには思うがのう。

質問者A　ははあ、なるほど。では、景行《けいこう》天皇の最初のあたりは……。

武内宿禰　うーん、景行……。そうだのう。

郵便はがき

料金受取人払郵便

赤坂局
承認

9654

差出有効期間
2023年3月
9日まで
（切手不要）

107-8790

112

東京都港区赤坂2丁目10−8
幸福の科学出版（株）
愛読者アンケート係 行

フリガナ お名前	男・女	歳
ご住所 〒　　都道府県		
お電話（　　　）　　−		
ご職業	①会社員 ②会社役員 ③経営者 ④公務員 ⑤教員・研究者 ⑥自営業 ⑦主婦 ⑧学生 ⑨パート・アルバイト ⑩他（　　）	
弊社の新刊案内メールなどをお送りしてもよろしいですか？（はい・いいえ）		
e-mail アドレス		

愛読者プレゼント☆アンケート

『武内宿禰の霊言』のご購読ありがとうございました。
今後の参考とさせていただきますので、下記の質問にお答えください。
抽選で幸福の科学出版の書籍・雑誌をプレゼント致します。
（発表は発送をもってかえさせていただきます）

1 本書をどのようにお知りになりましたか？

① 新聞広告を見て ［新聞名： ］
② ネット広告を見て［ウェブサイト名： ］
③ 書店で見て　④ ネット書店で見て　⑤ 幸福の科学出版のウェブサイト
⑥ 人に勧められて　⑦ 幸福の科学の小冊子　⑧ 月刊「ザ・リバティ」
⑨ 月刊「アー・ユー・ハッピー?」　⑩ ラジオ番組「天使のモーニングコール」
⑪ その他（ ）

2 本書をお読みになったご感想をお書きください。

3 今後読みたいテーマなどがありましたら、お書きください。

ご感想を匿名にて広告等に掲載させていただくことがございます。ご記入いただきました個人情報については、同意なく他の目的で使用することはございません。

ご協力ありがとうございました！

質問者Ａ　とすると、「大和朝廷の成立のときにご活躍なされた」ということになります。

武内宿禰　「長生きした」っていうことは本当じゃ。

質問者Ａ　長生きしたのは本当。

武内宿禰　それは本当なんじゃが、当時は、そんな正確な、いわゆる「カレンダー」がないでのう。

まあ、ちょっと、うーん……。天皇という名前も、そうはっきりと、今みたいに「即位《そくい》して、この天皇」っていう感じでもなくて、遡《さかのぼ》って「この人が天皇」ということで名前を振《ふ》られていっているものもあるので、まあ、王様みたいなもんだのう。

おそらく、「当時の日本の、いちばん力を持っていた人はこの人やから、この人を『何とか天皇』ということにする」っていう感じで、あとから割り振られているものもあることはあるんで。実在しなかったわけではないんだけど、いわゆる「完全に完成した日本の国主《こくしゅ》」っていう、まあ、今の皇室の天皇のような存在ではまだなかったんでな。

質問者A　当時の記憶《きおく》で、何か印象に残っているエピソードのようなものなどはございますか。何か記憶のなかで印象的なことだったり……。

武内宿禰　うーん、いやあ、そんなね、君らが言うふうな「神代《かみよ》の時代」の気持ちはないんですよ。

質問者A　え？

武内宿禰　いやあ、そんな感じではなくて、まだ……、どうだろうねえ。うーん、まあ、大和の歴史のなかでも、いやあ、むしろ「終盤戦《しゅうばんせん》」ぐらいの位置にまだ近いような感じはしていて。

君たちが学校で習う日本史でいくと、「江戸《えど》末期ぐらいに出た」ぐらいの気分なんだよな。

質問者Ａ　われわれから見ると、武内宿禰様のご活躍された時期につきましては、日本神道《しんとう》の歴史では、最初の、スタート時ぐらいの感じのイメージなのですけれども、ご本人から見るとそうではなくて、もう〝末期〟というか……。

武内宿禰　うん、うん。そう、そう。

質問者A　アンカーのほうの、後ろのほうの感覚を持たれているのですか。

武内宿禰　そんな感じなんだよなあ。

古代の歴史が記紀《きき》に入っていない理由

質問者B　今のコメントと関連する部分で、先ほど冒頭《ぼうとう》のほうで、「なぜ、そんなに信じられないんだろう」とおっしゃった一つの原因に関連する部分なのですが、最初にお訊きしたかったのが、前回、二〇二一年三月二十九日に、武内宿禰として来られた方が、「歴史の全貌《ぜんぼう》を明らかにしたい」というようなことをおっしゃっていました（本書第1章参照）。

その出発に当たって、ある種、それまでの日本史の常識からすると、爆弾《ばくだん》発言とは言いませんけれども、なかなかインパクトのあることをおっしゃっていました。歴史の解明の文脈で言いますと、「〝出来損《できそこ》ない〟の白鳳《はくほう》文化」ということをおっしゃいまして……。

武内宿禰　ハッハッ（笑）。

質問者B　これが、今後、古代史、超《ちょう》古代史を解明していくに当たっては、かなり重要な出発点になるかなと思いました。

あの白鳳のあたりから、今遺っている歴史書の編纂《へんさん》が始まったのですが、その部分を含《ふく》めて、ご本人なのか、そのご一党の方なのか分かりませんが、「出来損ないだったぞ」と……。

武内宿禰　「出来損ない」って言った？

質問者B　ええ、おっしゃいました。

武内宿禰　うーん、ちょっと、それは言葉に少し角《かど》があるな。それは、まあ……。

質問者B　（苦笑）ですから、もう少し別の、丸い表現でもいいのですけれども。

武内宿禰　「出来損ない」は、ちょっとよくないな。それは、怒《おこ》る人が出てくる。

質問者B　おそらく、そこに何らかの価値判断といいますか、見解がおありだったと思うのです、歴史という文脈のなかでですが。

武内宿禰　だからさあ、日本って、「木の文化」じゃないか。なあ？　古代に建物があってもさ、木だから遺っていないからね。だから、みんな本当に、原始人をすぐ想像するんだよなあ。

でも、出雲《いずも》あたりでも何か、「五十メートルぐらいの高さの社《やしろ》があったらしい」っていうのが近年、分かってきたじゃない。な？　「五十メートルぐらいの、木でつくったおっきな神殿《しんでん》があって、上がっていっていた」というのが、出雲でも出てきているわけやから、古代にそんな建物がなかったと思うなら、大間違《おおまちが》いだし。

まあ、「石の文化」もあったけれども、これは……、自然災害その他で壊《こわ》れていくものもあるからな。残念ながら鉄筋コンクリートではなかったし、レンガではなかったからなあ、あれだけど。

いや、君らが思っているよりはもう一段か、すごかったんだけどなあ。うーん。

質問者B　その〝凄《すご》みの部分〟でお伺いしますと、この直前に、「聖徳太子《しょうとくたいし》の霊言《れいげん》」というものがございまして……（『公開霊言　聖徳太子、推古《すいこ》天皇が語る古代日本の真実』参照）。

『公開霊言　聖徳太子、推古天皇が語る古代日本の真実』（幸福の科学出版刊）

武内宿禰　うん、うん、うん、うん。

質問者B　そのなかで、「いわゆる記紀《きき》、『日本書紀《にほんしょき》』『古事記《こじき》』以前にも、いろいろな歴史文献《ぶんけん》等々、歴史の逸話《いつわ》はあるのだけれども、当時、編集時点で、それが、にわかに十分信じ切れなかった」というようなことを言われていました。

歴史書のなかには取り込《こ》めなかった幾《いく》つかの理由の一つとして、「先進すぎて理解できない事柄が起きていて、それが『風土記《ふどき》』とか、いろいろなところの歴史書のなかに記述されていたので、それを、例えば『日本書紀』などのなかに取り込むのに、やはり理解不能で、できなかった」と、「それくらい高度だったんだ」という話をされていたのですけれども、そういったあたりに関しましては、いかがでございましょうか。

武内宿禰　だからね、『古事記』や『日本書紀』で、まあ、ちょっと入っているものもあるんだが、消えているものの多くは「宇宙関連のもの」だな。宇宙から来たもの、まあ、天鳥船《あめのとりふね》とかはちょっと出てはくるんだけど、解説は全然ないからね。「天《てん》」が付けば、それだけで終わっているんですけど。

そういうふうに、天から降りてきたようなものも記述がちょっとあると思うけど、古代の文献には、そういうものがもっといっぱい出てくるんで。まあ、そういうのが一つあるし。

君たちもにわかには信じられないような、現代には今、見当たらないような生命体が存在していたというのも、いっぱい載《の》っている。

例えば、今は、「一寸法師《いっすんぼうし》」の物語はおとぎ話としては伝わっていると思うな。ちっちゃい……、アメリカとかでは「アントマン」っていうヒーローがいるそうだけれども、あの一寸法師の伝説というのは、出雲方面の、あちらのほうの伝承としてはかなり長いもので、要するに、『古事記』『日本書紀』以前の段階では、そうとうのヒーローとして〝有名な神〟であったんですよね。少彦名命《すくなひこなのみこと》というね。「小さい一寸法師が活躍する」っていう話だよね。あれも、そうとうの長い間ヒーローだったのに、〝消されて〟いるからね。「そういう人はいない、見当たらない」っていうことだけれども。

それね、もしだよ、宇宙とのかかわりを明らかにすれば、それはみんな人間と同じサイズであるはずはないからね。いろんなサイズの人がいるから。

巨大《きょだい》な……、八岐大蛇《やまたのおろち》だっていちおう（記紀に）載ってはいるけれども、あれだって、「山を何個も越《こ》えてくるぐらいの大きさ」ということになっているでしょう。あれを計算すりゃあ、「いったい何百メートルあるんだ」っていうぐらいになるわな。

だから、大きさとかそういうものは、もうすでに、その奈良《なら》朝のころには信じられなくなっているようなものもあったし、現象として、ありえないように思われたものもあったと思うけれども、何百年か前ではあるが、私らのころにはまだ、そういう、文献としてもだいぶあった。

あと、漢字が入ったあたりから、漢字文献に置き換《か》えられていったんで。「漢字文献に置き換えられなかったもの」は消えていっているものが多いんで。「古代文字で書いたもの」等は、だんだん読めなくなっていったために、消えていっているものがあるんでな。

漢字で書くか、発音していた言葉を漢字で「当て字」でね。「漢字を当てて書いたもの」は遺ってはいるけど、その前の、「漢字を当てられなかったもの」については、ものすごく少なくなっている。

だから、わしらの時代から前のやつもなくなっておるし、聖徳太子が国書をだいぶ持っておったんだけど、没後《ぼつご》かな、焼き討《う》ちに遭《あ》って家を焼かれたときに、その国書がそうとう燃えてしまっているので、その百年後につくられた『古事記』『日本書紀』等には使えていないものがそうとうあって。

西洋で言う、まあ、同じごろだなあ、わしらのころだろうと思うが、アレクサンドリアの図書館はエジプトにあったのが燃えて、それ以前の歴史がもう分からなくなっているよね。あそこには十万巻《がん》以上の本があったといわれておるから、もう、そうとういろんな古代の、要するに歴史……。

質問者A　例えば、アトランティスの歴史とか……。

武内宿禰　アトランティスとか、もういろんなものがあったのも、みんな消えているけど、日本でも、そういう火に弱い文化なんで、焼かれるとなくなる。紙と木だと、なくなるので、そうとう消えてしまっているので、まあ、残念だな。

それと、神代《かみよ》の文字が読めない人が増えてきたんでね。

3　武内宿禰が明かす「日本の超《ちょう》古代文明」

富士山《ふじさん》の周辺にあった「最初の王朝」について

質問者B　そうすると、いわば聖徳太子《しょうとくたいし》文庫のようなところには、やはり、そうとうの歴史書、その他『風土記《ふどき》』の蓄積《ちくせき》が、今知られているよりも、実ははるかに多く……。

武内宿禰　あった。

質問者B　実は、大図書館のようにあったということですね。

武内宿禰　うん。あった。あった、あった、うん。
だけど、新しい歴史を書き直す人に、それが邪魔《じゃま》に見えたところもおそらくあるんだろうな。

質問者B　その「邪魔に見えた」というところで、最近のほかの霊人《れいじん》の方もおっしゃっているのですが、基本的に、日本の歴史というのはもっとずっと長くあって、少なくとも三万年前に、富士山《ふじさん》のところに、天御祖神《あめのみおやがみ》の一行《いっこう》が降臨《こうりん》して、そこから、今の日本文明というのは始まったというふうに教えていただいています。そのあたりにまで触《ふ》れていただけますと幸いです。

武内宿禰　富士王朝、要するに、「富士山の山麓《さんろく》からの平野に、最初の高天原《たかまのはら》があった」というのは本当なんで。最初は、あそこなんですよ、高天原って。
だって、いちばん高い山で、日本の中心ですから、あのへんに神が降臨しなければばいけないんですが。

それが日本各地にいろいろと分散していって、それぞれのところで勢力を持ち始めて、逆に地方から攻《せ》めてくる者もあったりして。

だから、富士文献《ぶんけん》が完全に消えているというのは、日本の超《ちょう》古代文明の部分が、ほぼなくなっているわな。

それから、そのあと、九州王朝のところも、まだ判然としないものがそうとうあると思うんだけどね。

だからね、そのときの勢力を持った者が、邪魔になるようなものを消していく傾《けい》向《こう》は、そうとうあるんでね。

富士王朝の、富士の大和《やまと》王朝の最初のものは、あそこを高天原《たかまがはら》、高天原《たかまのはら》と……、「高天原《たかまのはら》」と発音していたと思うんだけど。高天原は、滅《ほろ》びた原因は、でも、富士山の噴火《ふんか》なんだよ、本当は。だから、脱出《だっしゅつ》して逃《に》げたんで。散って、文化が全国に散っていったんで。噴火、大噴火しているんですよ、そのときに。

富士山が噴火すると溶岩流《ようがんりゅう》が流れるからね。だから、富士の麓《ふもと》にあった大王朝がそれで……。もし今、巨大《きょだい》な発掘《はっくつ》事業をやれば、それは出てくる可能性はあると思うけど。

質問者B　全国に分散せざるをえないぐらいの、つまり王朝が消滅《しょうめつ》するぐらいの大噴火というのは、だいたい何年前なのでしょうか。だいたいの感じで……。

武内宿禰　まあ、おそらく一万年は超《こ》えているんじゃないかな。

質問者B　一万年を超えている。

武内宿禰　うーん、一万年は超えているんじゃないかと思うけど。そのときは、わしも生きとらんから分からんけども、一万年以上前だと思う。

昔の超古代の富士王朝、富士山王朝のときにも、生まれたことはありますけどね。

質問者B　おありなんですね。

武内宿禰　うん、ありますけど。

ただ、一万年は超えていると思いますね。

だから、おそらく、アトランティスもあるし、ムーもあるけど、まあ、ムー、アトランティス等が沈没《ちんぼつ》した連鎖《れんさ》反応で、ほかのところでもいっぱい……。地下でいっぱいつながっているんでね。いろんなところで噴火したり、隆起《りゅうき》したり、沈没したり、いろんなものが起きたと思いますね。

質問者B　では、おおむね一万五千年前と言われているムー大陸の沈没の比較《ひかく》的すぐあとぐらいといいますか、だいたいそのくらいのタイミングに、富士山の噴火のようなのもあって、それで、第一代、初代のといいますか、最初の富士王朝が……。

武内宿禰　そらあ、富士山のところからムーのところまで、下はつながっているからね。海底火山とかで全部つながっているので、あと、沈《しず》んだものもだいぶあるし。だから、うーん……、そうやなあ、隆起したものもあるけど、まあでも、沈んだもののほうが、ちょっと多いかな。

日本列島も、わしが覚えているのでは、昔は、日本海は海ではなかったように思うんだがなあ。

質問者B　湖《みずうみ》であった……。

武内宿禰　うん、湖だったと思う。内陸湖だったと思うんですよね、確か。

質問者B　はい。地質学的にも、「一万年前前後《ぜんご》は、つながっていたのではないか」という説はけっこうありますので、確かに。

武内宿禰　そうなんだよ。だから、その噴火あたりを中心にね、氷河期が終わり始めて、温暖化が始まっているんだよね。そのあたりから温暖化してきて。だから……、うーん、そうなんですよ。

まあ、これを言うともう難しくなるから、わしの任を超えとるから、ちょっと、そこまで言ってはいかんかとは思うんじゃが、うーん。

とにかく、富士山の周辺に「最初の王朝」が、少なくともわしが知っている国では、「最初の王朝」はあった。

そこが大きな被害《ひがい》を受けることがあって、散って、いろんなところの文化にはなっていったけれども、そのなかで、次は九州がものすごく高みを持つようになってきたということは確かだな、うん。

質問者A　『宮下文書《みやしたもんじょ》』という宮下家に伝わる古代文書では、初代の神武《じんむ》天皇以前に、王朝が八十五代、『竹内文書《たけのうち》』では百五代にわたって長年栄えていたというふうな記述もあるのですけれども、そうしますと、「日本の古代史のなかでは、一万年以上も前からずっと、少なくとも何千年も繁栄《はんえい》した時期が富士山のところにはあった。文化、文明もあった」ということになりますけれども。

そういうことでよろしいでしょうか。

武内宿禰　うん、うん。

まあ、エジプトみたいにピラミッドみたいなものがあれば、それに王様の名前を書いて遺《のこ》せるが、残念ながら、そういうものがないので遺っておらんが、あった。

要するに、全国的な意味での王であったかどうかは、ちょっと微妙《びみょう》ではあるけれども、少なくとも、神と称《しょう》せる者の最初はそのへんにあって、その後、九州が栄えるに当たっては、ここにまた天孫《てんそん》降臨が起きて、「第二次天孫降臨」が起きていると思う……。

質問者A　「第二次天孫降臨」もあるのですね。

武内宿禰　うん、あったと思うが。

質問者A　ああー。富士で一回目、そして、九州のほうで二回目。

武内宿禰　うん、うん。第二次天孫降臨はあったとは思うけどね。だから、まあ、入り乱れているね。

でも、今、日本の山のなかで、実は「ピラミッド型の山」もだいぶあるので、発掘……、全部、山を丸裸《まるはだか》にして掘《ほ》るぐらいの気力があれば、遺跡《いせき》は出てくるかもしらんけどね。

質問者B　二百から三百あるとは言われているのですけれども。

武内宿禰　そう、そう。

中国や朝鮮《ちょうせん》から日本に文明が流れてきたというのは本当か

質問者B　いろいろ論点がたくさんありすぎるのですが、一万年以上ぐらい前に一回噴火があって、次に、天孫降臨なり何なりで、いわば今の現王朝に連《つら》なってくる勃興《ぼっこう》が九州で始まるまでの間に、数千年以上、七、八千年ぐらいの合間があります。この間《かん》というのは、具体的に、いろいろなことが地方ではあったかとは思うのですが、例えば、どんな感じで展開をしていたのでしょうか。

武内宿禰　うーん……、だから、いや……、今のこの日本海が内海《うちうみ》だったんで、その大陸のほう？　大陸のほうまでだいぶ進攻《しんこう》していたので、あちらのほうまで行っている者もいたことはいたので。

それと、インドネシアあたりから島伝いにつながってくるものもあったからなあ。うーん、まあ、日本がこの、何て言うか、北と南の中心になっていたところはあると思う。

インドなんかは文化はわりに早く、数千年前から発展はしていたと思うし。今の歴史では何か、ヨーロッパのほうから、コーカサスのほうから白人種の人たちが北インドになだれ込《こ》んで、インドの文明ができたっていう言い方をしているようなんだけども、必ずしもそうとは言えない部分があって、こちらのほうの東の側からも流れ込んでいるものはあるんで。

こう言うと「国粋《こくすい》主義者」って言われるから、わしは遠慮《えんりょ》しとるんじゃが……。

質問者B　全然、遠慮していただく必要はありません。

武内宿禰　インドだって、中国だって、モンゴルだって、シベリアだって、いやあ、ちゃんと〝走り回っとった〟んだよ。

質問者B　ええ。前回のご霊言《れいげん》のときに、日本人はマンモスを狩《か》りにも行っていたし……。

武内宿禰　そうなんだよ。

質問者B　それから、中国にも、ある種、霊的にかもしれませんが、龍《りゅう》退治にも行っていたし、それから、実はインドにも指導に行っていたのだというコメントがおありだったのですが（本書第１章参照）。

武内宿禰　そうだよ。日本中心主義に聞こえるから、嫌《きら》われるからあんまり言いたくはないんだけど。

質問者Ｂ　いえいえ。例えばですね……。

武内宿禰　だって、実際にしたの……、ムーの文明の嫡流《ちゃくりゅう》が日本にあったんだからさあ、それはそうなるよな。

質問者Ｂ　「マンモスを狩りに行っていた」ということについて、もうちょっと具体的に、例えば、ロシア絡《がら》みとかでお話しいただけないでしょうか。たぶん、向こうにもそれなりに人はいたとは思いますので、どういう感じで、どういうことで、わざわざマンモスを狩るというようなところまで、いわば進出といいますか、進攻していたのでしょうか。

武内宿禰　うーん、まあ、ちょっと、国と時代が変われば変わるけれども、「中国文明なんかであったといわれているような、その槍《やり》や剣《けん》や弓矢は、中国や朝鮮《ちょうせん》から日本に来た」っていうことになっているけども、そんなことはないんで。あったんだよ、もう。すでにあったもので。こちらが、あちらに狩りに行くときに持っていっていたものなんで。

質問者B　あっ、では、いわば、こちら（日本）から輸出したといいますか、技術としては……。

武内宿禰　つくり方はこっちが教えたものなんで。

質問者B　つくり方から教えたと。

武内宿禰　それを逆みたいに言われているのは、ちょっと残念でなりませんな。まあ、日本のはみんな、貝塚《かいづか》ぐらい掘っても、貝を採《と》って食っとったというぐらいしか、もう信じられないんだろう。

質問者A　古代の超合金で「ヒヒイロカネ」とかが、いちおう伝承で伝わってきておりますけれども、そういう合金とかも、もう当時は……。

武内宿禰　合金技術みたいなものはあったね。

質問者A　あったのですね。

武内宿禰　あったね。

質問者A　おおー！

そうすると、昭和のときに非常に一世を風靡《ふうび》した、東大の学者による「騎馬《きば》民族から支配を受けて、日本が全部やられた。全部、朝鮮半島から流れてきたのだ」という騎馬民族日本征服論《せいふくろん》は、もうまったくの反対ですか。

武内宿禰　反対やな。

質問者A　真逆ですね。

武内宿禰　どっちかといえば逆だね。だから、どっちかといえば逆で、もう「国粋主義」っていわれるのは、ちょっと嫌《いや》ではあるが。
稲作《いなさく》やって指導したんやでっていうことを言うて。

質問者B　ええ、そこをお伺《うかが》いしたくてですね。

武内宿禰　もとはあちらの、もうちょっと南のほうのものなんで、稲作っていうのは。インドネシアとかベトナムとか、あちらのほうが中心だったものから上がってきているんで。南から北へ、逆に上がっているものなんで。（稲作が大陸から来たというのは）反対なんだよ、全部反対なんだ。

質問者B　ですから、逆に言いますと、「日本人は中国大陸のほうに〝稲作を指導した〟」ということでございますね。

空を飛ぶ「鳥船《とりふね》」にあった技術とは

質問者B　それから、ちょっと具体的な話にはなってしまうのですけれども、例えば、果物類とか、そういったものあたりも、日本はいろいろもらったというようにいわれていますが、実は、けっこう日本から持ち込んだといったところというのはあったのでしょうか。食べ物に関しても教えたというような……。

武内宿禰　あなたがたが思っている以上に、まあ、今みたいに新幹線とか飛行機がなかったにしても、思った以上に交流っていうのはあったんで。

君たちは、遣唐使船《けんとうしせん》の難破とか、そんなのばっかりあんまり読みすぎて、よっぽど海を渡《わた》るのが大変で、スペイン、ポルトガルが船を出して、やっと世界を探検したみたいな、そんなふうに刷り込まれとるんやろ。〝洗脳〟されとるんで。

質問者A　はい、学校等の歴史の教科書ではそう学んで、そのように考えておりますね。

武内宿禰　そんなことはないんで。もっと昔から世界はつながっておったんで。だから残念やな。君たちはやっぱり私らから見たら〝発狂《はっきょう》した人〟なんで。

質問者B　そのつながりのなかには、いわゆる空を飛んでいくようなものもあったということですね。

武内宿禰　あるよ。うん、うん、うん。あるある。

質問者A　実際に空を飛ぶ技術とは、どういう技術なのですか。

武内宿禰　鳥船《とりふね》だ。そのとおりだよ。空を飛ぶ船だよ。

質問者B　鳥船はあったと。

武内宿禰　あったんだよ。

質問者B　それまで前提にしますと……。

武内宿禰　だから、何か知らんけどさあ、何か知らんけど、私は説明が十分にはできないけど、地球の重力に反発して浮《う》き上がる技術があったんだよ。

質問者A　当時ですか。

武内宿禰　いや、私より前の時代。

質問者Ａ　一万年前とかで。

武内宿禰　前の時代だけどね、あったんで。それが今、ちょっとだんだん廃《すた》れてしまって、何か分からなくなってきたんだけどね。だから、地方に散る間に、ちょっと失われていったものがあったようですけどね。

質問者Ａ　われわれが歴史を学ぶと、縄文《じょうもん》時代とか弥生《やよい》時代とか、貝塚とかいろいろなものを……。

武内宿禰　バカにしてるよ、本当に。

質問者A　あれから日本がスタートしたというように書かれております。

武内宿禰　すっごいバカにしてる、あれ。

質問者A　そうではない？

質問者B　例えば、時代的にだいたい何年前ぐらいの感じというのはありますでしょうか。もちろん、三万年前がそうだったというのはよく分かるのですけれども。

武内宿禰　ああ、それは私でない人に訊《き》いてくれたほうがええと思うなあ。

4　伝説化した「水中都市」「空中都市」の真相

質問者B　今も合わせて、一万年ちょっとぐらいのところでそういうことがあったとして、どうもお話を伺《うかが》っていますと、要は一万年前からちょっと手前ぐらいのところには、例えば、シベリアとか中国とかいったところにも進出をしていた、影響《えいきょう》を与《あた》えていたと。そして、いわばＵＦＯのようなものも関連していたというお話に、だいたい理解はできたのですけれども。

武内宿禰　だから、竜宮《りゅうぐう》伝説なんかもあるけど、海底人までいたんだからさあ、昔は。

質問者A　えっ、海底人？　海底人とは何でしょうか。

武内宿禰　水のなかでないと住めない人間もいたんで。

質問者A　それは、「物理的に海のなかに住まないと生きていけない人」ということですか。そういう種族の人が、当時いたのですか。

武内宿禰　習慣として……、「水棲人類《すいせいじんるい》」っていうのがいた。

質問者A　水棲人類が。

武内宿禰　うーん。だから、海のなかに、いろいろ自分たちの住処《すみか》をつくって住んでいたよ。そういう人もいる。

質問者A　ああ、霊的《れいてき》な竜宮界とかではなくて、そういう現実の世界で、という。

武内宿禰　うん、まあ、それは今分かるような、夢物語にしているんだろうけど。

質問者A　ああー、本当にいたのですね。

武内宿禰　うーん、いた。それは、泳ぐこともできるけど、自分たちの「水中都市」みたいなのをつくっている人もいたし、「空中都市」っていうのも……。その何？　バビロンのほうだけにあったんじゃなくて、こっちにもあったよ。

質問者A　確かにバビロンにありますね、「空中庭園」という伝承が……。

武内宿禰　空中都市もあったよ。

質問者B　そうすると、まず、「水中都市」に関しては、今、伝説になっているものは、物語というよりは、要するに、現実に水中都市のようなものがあって、そこに水棲人として住んでいる、いわば知的生命体のようなものもいて、そこと、地上にいる、例えば日本の王朝の方々とかとの間にも交流があったという……。

武内宿禰　いやあ、ほかの星から来た人たちが始まりだけど、この地球なんか見たら、水の領域が多いからね。だから、水のなかに住むのが当たり前なんだよ。こっちが主で、陸のほうに住むっていうほうが、何か安全性を欠くので。海のほうが食料も豊富だし。そういう人もいた。

質問者B　今のお話にあった「水中都市」と、あともう一つ、「空中都市」に関しては浮《う》いていると思うのですが、その空中都市をつくった人々およびそこの住人というのは、どういう方々なのでしょうか。

武内宿禰　いや、ときどき、地球の文明が下がってくると、宇宙から何か梃入《てこい》れにやって来る人たちがいてね。そういう感じかね。

だから、うーん、その富士山《ふじさん》の……、私のころの富士……、私のもっと前か。富士山の高天原《たかまのはら》のころでも、雲みたいに浮いているものはあって。そこから神が降りてくるっていうふうな感じのあれはあったから。母船《ぼせん》かな、今で言えば。巨大母船《きょだいぼせん》みたいなものはあって。ちょっとしばらく駐在《ちゅうざい》みたいにいたこともあって、そこから神が降りてくるっていう感じのもあった。

質問者B　それは、武内様が地上にご在世《ざいせい》時にも、そういう……。

武内宿禰　まあ、わしの時代は、うーん……、わしの時代は、そんな大きいものはあんまり飛んでおらんかったけど、ときどき、やっぱり空中を飛んどるものはおったな。でも、何か会話はできたんだよ、不思議なことになあ。

質問者A　それは、テレパシーか何かで、霊能力をお持ちだったのでできたということですか。

武内宿禰　いや、古代の文字も一部、彼らからもらったものもあるんで。

質問者A　ああー。では、秀真《ほつま》文字とかも含《ふく》めて。

武内宿禰　彼らから教えてもらったものもあるので。今、外国語の勉強をしているように、彼らとの会話ができるような言葉もあったのはあったんだけど、もう失われてしまったね、かなりねえ。

だから、漢字文化が入ったあたりで、それ、一つ滅《ほろ》ぼされているんだよね。この「古い言語」と「文字」と「発音」等がね。

でも、今の大和《やまと》言葉の一部のなかには遺《のこ》ってはいるんだけどねえ。

なんでこう、うーん……。中国語で日本のことを言うと、発音がまったく違《ちが》うじゃないか。

質問者Ｂ　ええ。

武内宿禰　だから、あれは違うんだよ。あれは違うんだよ。「漢字」で教えてやったみたいな言い方をするけど、あれは偽物《にせもの》なんだよ。

5　日本から世界に伝わった「天御祖神《あめのみおやがみ》」への信仰《しんこう》

中国の堯《ぎょう》・舜帝《しゅんてい》が信仰《しんこう》において意識していたこととは

質問者B　歴史との関係で申し上げますと、中国との関係について、こちらから中国に影響《えいきょう》を与《あた》えた部分というのが、今、とても重要になるのですけれども。

まあ、堯《ぎょう》・舜帝《しゅんてい》の時代というのは、『黄金の法』（幸福の科学出版刊）ではだいたい五千二百年前ぐらいと書かれてはいますが、今のお話を伺《うかが》っていますと、どうもそれ以前の段階で、日本のほうから中国にいろいろなかたちで進出もし、影響も与えていたということになるかと思うのです。そういったあたりについて、少し具体的にお教えいただけますと……。

武内宿禰　堯や舜は、いずれ霊言《れいげん》したほうがいいと思うけどねえ。でも、あのあたりは、「天御祖神《あめのみおやがみ》の弟子《でし》」だっていう意識は持っていたと思うよ、おそらく（その後、二〇二一年六月二十一日に「洞庭湖娘娘《どうていこニャンニャン》・堯・舜・禹《う》の霊言」を収録）。

質問者A　ある霊人《れいじん》の発言によると、その堯や舜が信仰《しんこう》していた神が、天御祖神様だったというような説が伝わっておりますけれども（『大中華《だいちゅうか》帝国崩壊《ほうかい》への序曲』〔前掲《ぜんけい》〕参照）。

武内宿禰　そうそう。そうそう、一緒《いっしょ》だったから。

質問者B　ということは、その時代の前に、天御祖神信仰を中国に伝道したといいますか、普及《ふきゅう》した部隊というものがあったのでしょうか。地上的にも、ある種、哲《てつ》学《がく》とか信仰とかを含《ふく》めて、そういう考え方のようなものを、あるいはその信仰の対象のようなものを伝える、または伝道するみたいな行為《こうい》というのがあったようにも……。

武内宿禰　だから、あちらは、中国もはっきりしていないんだけど、二千五百年前ぐらいに「諸子百家《しょしひゃっか》の時代」があって、そういう文明が興隆《こうりゅう》したときもあったんだけどね。

それより前の時代は、もうだいたい、ちょっと、「伝承《でんしょう》の世界」に入ってくるから分からないんですけども、古代のなかには、うーん、そうなんですよ。特に、日本とそんなに分け隔《へだ》てるものはあんまりなかったところもあるんだけどねえ。まあ……、いや、両方、あちらに生まれたり、日本に生まれたりしていたこともあるからねえ。あれはあるんだけども。

うーん……。いやあ、君らに、その何て言うか、優《すぐ》れていた日本を教えてやれないのが残念だ。まことに残念だけども。

古代ユダヤ・イランと日本の交流について

質問者A　そうすると、当時、日本から大陸横断をしていろいろな地域に行ったり、いろいろなものを輸出したりとかするとなると、日本の天皇の価値というか権威《けんい》というか、ポジションというものが、ものすごく高くなってきます。

特に、ユダヤなどでも、「古代ユダヤと日本」が、何か関連があったなどという歴史も遺《のこ》っていますし。

武内宿禰　うん、それはあるよ。あったよ、うん。

質問者A　また、日本の天皇がユダヤに行ったというような説も……。

武内宿禰　いや、逆だ。ユダヤから、日本の天皇が替《か》わったときに、挨拶《あいさつ》に来ておったんだ。

質問者A　挨拶に来た？

武内宿禰　うーん。あっちから来ておったんだ。

質問者A　あっちから来た？　ユダヤからですか。

武内宿禰　うん。うん、うん。

質問者A　あっ、だから、日本にも、鍔《つば》付き帽《ぼう》と高い鼻、カールしたもみあげ、長い顎髭《あごひげ》など、古代ユダヤ人のような独特の風貌《ふうぼう》を持った「ユダヤ人埴輪《はにわ》」といわれているものも発掘《はっくつ》されているんですね。

武内宿禰　うん。

質問者B　それは、UFOで来たわけでしょうか。飛行機に乗って？

武内宿禰　いやあ、でも、ちゃんと船とか……。

質問者B　ああ、船とかで。

武内宿禰　陸路も通って、まあ、あったと……。

質問者B　それは、いつごろの時代といいますか……。

武内宿禰　うん？

質問者B　いや、私も、間違《まちが》いなく事実だと思っている人間なのですけれども……。

武内宿禰　ユダヤの「ダビデの星」か？　あんなのは、日本が教えてやった修法《しゅうほう》の一部を持っていったんやないか。

質問者A　「ダビデの星」は、二つの三角形が上下に組まれた図形（六芒星《ろくぼうせい》）で、ユダヤを示す印《しるし》ですけれども、あれも日本から、修法の一部として教えてあげたものだという……。

武内宿禰　うーん。

質問者B　ああ、では、今、その世界で言われている説の〝もう一段先〟を行っていて。「向こうから来たのではなくて、そもそもこちらから教えたのが、また〝逆流〟してきた」とおっしゃっている……。

質問者A　「日本から」というのが、真説《しんせつ》というか、本当の説なんですね。

武内宿禰　うん。今のユダヤもそうだけど、イランあたりだって、北極星を中心にする（信仰があって）、あれをねえ（祀《まつ》る）神社が日本にあるけど、あのへんも交流しとったからねえ。

質問者A　イラン？

武内宿禰　うーん。日本とは交流があった。

質問者A　古代にイランと交流があった。

武内宿禰　そうそうそう。うーん……。日本の神があちらで崇《あが》められとったんだよ。

質問者A　「日本の神が、イランで崇められたという事実があった」ということですか、古代に。

武内宿禰　うん。

質問者A　おおーっ……！

武内宿禰　君たちは「間違った歴史」を教わっているから。

質問者B　イランの側で、その「天御祖神」という言葉が使われたかどうかは、ちょっと別としまして……。

武内宿禰　いや、それは意味的に。

質問者B　意味的に。

武内宿禰　意味だけだろうね、通じるのは。だから、「ゴッド」だよ。「天の父」だよ。それが天御祖神だから。

質問者B　ということを、イランとかそちらのほうで信じていたということは、いわば究極の神が東方の地に昔に降臨《こうりん》し、その流れのなかで、今、私たちの繁栄《はんえい》もあるというようなことを、例えば、イランとかイスラエルとかで説いた人たちもいるという理解でいいのでしょうか。

武内宿禰　うん。だから、伝道師はいたよ？

質問者B　「伝道師がいた」ということですね。

武内宿禰　うん、うーん。それはいたよ。だから、古代でも、言語の統一をしようとしていた時期もあるんでね。言葉を何とか共通語にしようっていう。

質問者A　日本も当時から、ある意味で、「世界への影響があった国」ということですね。

武内宿禰　だから、聖徳太子《しょうとくたいし》が遣隋使《けんずいし》を送って、「日の出《い》づるところの天子《てんし》が、日の没《ぼっ》するところの天子に書を送る。つつがなきや」というのは、これは、やっぱり、「日本が世界の文明の発祥《はっしょう》であって、君らのところに伝えたものである」ということを言うとるわけなんで。

君らは、「三国志《さんごくし》」あたりのときに、九州の有明海《ありあけかい》で、何かこう、跳《は》ねている魚か何かおるじゃんか。何だっけ、ムツゴロウか。ムツゴロウでも獲《と》っていたような、卑弥呼《ひみこ》が朝貢《ちょうこう》をしていたみたいな、そんなことを学校で教わっとるんだろう、一生《いっしょう》懸命《けんめい》。

ああ、そんなんじゃないんだよ。そんなんじゃないんだよ、うん。

質問者B　三万年前に天御祖神が降臨されて、そこの教えといいますか神の考え方が、日本列島はもちろんのこと、インドまで行っていたということは、ほかの霊言で伺ったのですけれども、そこまでの広がりがあるとしますと、それこそ、例えば、イランであるとか、また、中東のほうにまで……。

武内宿禰　霊的な指導はしていた。

質問者B　霊的な指導をしていたと。

武内宿禰　うん。神は〝こっち〟から出ているから。

質問者B　ああ。神はこちらで、「東方の、この島のほうに出ているから」と。

武内宿禰　うん、うん。これからもそうなるよ、もう一回。もう一回、こうなる。

質問者A　その神というのは、三万年前の天御祖神様から流れている光という……。

武内宿禰　まあ、わしらが認識しているのはそのくらいやけど、もっと古いものもあるとは思うんだけど。

いやあ、ちょっと、もうこれ以上言うと、「国粋《こくすい》主義、国粋主義」って言われるから。

質問者A・B　（笑）いえいえ。

武内宿禰　あっちから聞こえてくるから、もう言いにくいんやけど。

天御祖神の降臨《こうりん》とムー、アトランティスとの関係

武内宿禰　もうもっと言やあ、「ムーもアトランティスも、うち（日本）から行った」と言いたいところやけども、ほんまに。

質問者A　先ほど、「天御祖神様が第一次降臨《こうりん》のようなことで天孫《てんそん》降臨されて、第二次降臨が九州のほうにもあった」という話を伺ったのですけれども。

武内宿禰　三万年前ぐらいの降臨以降に、ムーもアトランティスも、もう最後の隆盛を見ることになるわけだからね。

質問者B　では、いわば南進したわけですね、例えばムーに。

武内宿禰　南にも行ったし、あっちも……。だから、アメリカなんかとっくの昔に、もう横断しとるんだっちゅうんだ、あんなのは。

質問者B　ああ、なるほど。東進して大陸を渡《わた》って、アトランティスにも行ったと。

武内宿禰　だからまあ、君たちは、何かねえ、直線的に歴史が進行しているように考えているけど、（右手で大きな波を描《えが》きながら）こんなんだって。上がったり下がったり、もうすごいんだって。

質問者B　そうすると、ある意味では、その『竹内文書《たけのうちもんじょ》』というのは当たっているといいますか、今伝わっているとかいわれているものも、象徴《しょうちょう》的には当たっているということでしょうか。

武内宿禰　うーん。ときどきね、戦争とかがあって全部消えてしまうようなときがあるんでねえ、まあ、残念ではある。

6　日本の歴史から「根本神《こんぽんしん》」はなぜ消されたのか

本来の根本神を民族・部族の神で消してしまう傾向《けいこう》について

質問者A　それが歴史から消されたというのは、理解できなかったからなのでしょうか。それとも権力争いでしょうか。

武内宿禰　権力争いで、「自分らが立てた神」？　だんだん、その……、「オールマイティー・ゴッド」が、だんだん民族神や部族神になって、そこが強くなったときに、〝自分のところの神〟で、あとのものを消していくみたいな傾向《けいこう》があったんでね。とても残念、残念だね。

質問者A　本来の「オールマイティー・ゴッド」が、後《のち》の民族神や部族神など〝自分らが立てた神〟によって、歴史から消されていってしまったわけですね。

武内宿禰　まあ、これ以上言うと、「もう嘘《うそ》もええかげんにせい」と言われる可能性はあるんやけど。

地球の歴史だって、君らは何億年と言うとるのやろう？　人類の歴史。何億年のなかの、この何万年の話をしているんだから。（右手の親指と人差し指の間をほんの少しだけ空《あ》けるしぐさをしながら）もう最後の〝このへんのところ〟の話しているんやから。過去は、それより進んだ時代がいっぱいあったんやから。それが、この三万年以内は、そんな原始人をやっていたとだけ考えるんなら、そらあ甘《あま》いわな。そんなことはない。

質問者B　現代史との関連でいくと、今のお話では、本来は、最初に根本神《こんぽんしん》の教えが説かれるけれども、広がっていった段階で、部族神とか地域神のほうの、そちらのエリアが強くなってくると、引っ繰《く》り返しにかかって前の歴史を消しにかかるという、ある種の「歴史の法則性」があるというのを教えていただきました。

これを現文明、今の日本の歴史に置き換《か》えた場合に、『古事記《こじき》』『日本書紀《にほんしょき》』が制定されたときにもやはり同じことが起きたということでしょうか。

武内宿禰　まあ、『古事記』『日本書紀』なんて、もう〝君の子供時代の日記〟ぐらいのものなんだよ、ほんに、ほんに。うん、そのくらいのものなんだよ。だからねえ、日本人はちょっとそのへんを、もう脱《だっ》しなきゃいけないな。もっと正式な歴史、世界史を書かなければいかんと思うな。

質問者B　まさに子供時代の認識レベルで書いてしまった日記のようなものが、実は『古事記』とか『日本書紀』だったということですね。

武内宿禰　そうそう。それも、日本が最盛期を迎《むか》えたとは必ずしも言えないような、もうだいぶ弱ってきて、ときどき復興しようとしているときの一部だからね。その前のもう、ちょっと……、「大化の改新」「壬申《じんしん》の乱」等で国が乱れたあとに、また、そのときの権力者たちが引き締《し》めを図《はか》ってつくったものだからねえ。ちょっと、もう何回もグラグラきてはいるんだけどね。

だから、今、遺《のこ》っているものが全部だと思ってはいかんと思うよ。

『古事記』『日本書紀』の「最初期の神」が異なる理由

質問者C　『古事記』『日本書紀』に関してなんですけれども、当時、権力争いのなかで、そうやって新しい歴史に書き直されたというふうに理解してよろしいのでしょうか。

その場合なのですけれども、どうして、『日本書紀』では国之常立神《くにのとこたちのかみ》（国常立尊《くにのとこたちのみこと》）、

『古事記』では天御中主《あめのみなかぬし》が、「日本の最初期の神」となっていたのかが謎《なぞ》なのですが、どういった霊的《れいてき》な背景があったのでしょうか。

武内宿禰　編纂《へんさん》した人が違《ちが》うということやな。

だから、『古事記』のほうは、「稗田阿礼《ひえだのあれ》が神降ろし、シャーマンみたいになって言ったことを、太安麻呂《おおのやすまろ》という人が筆記した」ということになっていて。

だけれども、そのうちにまた、今の現代の歴史学者たちが、「証拠《しょうこ》がない」ということで「そんな人はいなかった」みたいな感じで否定していたけれども、確か昭和の時代に、その太安麻呂の墓《はか》とかが発掘《はっくつ》されて、「ああ、いたんだ」というところまでは、今、分かっているんだと思うけどね。

それは編纂者が……、『古事記』のほうは、ちょっと編纂者が、神降ろしの霊言《れいげん》みたいなものをもとにして書いているところと、一部はこの世のその『風土記《ふどき》』みたいなものを使って書いている部分と、両方あるんだけど。

『日本書紀』のほうは、中国に届けようと思って漢文で書いたものなので、そう、外交文書《もんじょ》としてバカにされないようにつくった部分があるような感じで、目的がちょっと違うような気がするな、うん。

で、天御中主という人はね、個人としてはいないんだよ、ええ。

その富士山《ふじさん》王朝の初期の神々の王朝時代があって、中期のころに……。「天御中主」の、その「中《なか》」の意味は、「天《あめ》の中心」という意味ではなくて「その王朝の中期ごろ」という意味なんだよ。

質問者B　ああ、なるほど。それはとても重要ですね。

武内宿禰　だから、あのころは、「天御中主世代《せだい》」というのがまたあるんだよ。途《と》中《ちゅう》にあって、そのあとが、何て言うか、「天《てん》の巻《まき》」……、「天」というか、まあ……、それから、「中空《ちゅうくう》の巻」「地《ち》の巻」みたいな感じで、そういうふうな歴史があって。

それで、あとは地上の天皇の歴史にそのうちに変わってくるというのがあるので。天御中主っていう人に、相当する人を挙げろと言えば、十八人ぐらいは挙げることができる、少なくとも。

質問者B　要するに、その間の「中間期」という意味だということですね？

武内宿禰　そうそう。「中間期」なんだよ。

質問者A　すごい真実ですねえ、これは。

質問者B　あと、もう一つ議論で出てくるのが、国之常立神のところですね。それが、いちおう記紀《きき》のなかで冒頭《ぼうとう》部分に出てくるわけです。

武内宿禰　（手元の資料を指で辿《たど》りながら）わしの子孫《しそん》も、分裂《ぶんれつ》した子孫が幾《いく》つかあると、ここに何か書いとる。

ええ……、どこやったかなあ。あ、ここにも書いとったなあ、さっき見ていたら。

ええと……、うーん？　どっかに書いとったように思うんじゃが。

「二十八氏の共通の祖先。蘇我《そが》、平群《へぐり》、葛城《かつらぎ》、巨勢《こせ》」……。

この葛城のね？　葛城になった子孫が、国常立《くにとこたち》の、この流れだよね。これに近い。

葛城族の流れだね。

だから、国常立でも葛城族、わしの子孫のなかの一部の、特に奈良《なら》に近いあたりの所に地盤《じばん》を持っていた一族だよね。それの、そのときの「村長さんの名前」だよ、これ。

質問者B　ああ、分かりました。よく分かりました。

武内宿禰　ああ。

7　三万年前から存在した「武士道」の教え

天御祖神《あめのみおやがみ》の霊的《れいてき》真実と世界に与《あた》えた影響《えいきょう》について

質問者C　富士《ふじ》王朝についてお伺《うかが》いさせていただきたいと思います。
富士王朝には、世界宗教になるほどの信仰《しんこう》があったというふうに理解させていただいたのですけれども、そういった、イランやユダヤまで到達《とうたつ》するには、多くの人の心に響《ひび》く教えがあったのではないかなと思います。どういった教えが中心で広がっていったのでしょうか。

武内宿禰　うーん……、まあ、少なくともだよ、君たちの本でも、もうすでに過《か》去世《こぜ》の話はいっぱい出ていると思うんだけどね。だから、「西洋に出ている」とか

「インドに出ている」とか、まあ、いろいろあるとは思うんだけれども、この本体意識というかな、それに近い部分とそうでない部分に、ちょっと、幾《いく》つか落差があって、いろいろ出ておるでね。そういうことがあるから。

たぶん、「アルファ」とかいうとるのは、アフリカに近いほうに出ているんだろうと思うんだけれども、「エローヒム」というのは中東辺を中心に出ているんだと思うが（『信仰の法』参照）。

あともう一つ、その三万年前ぐらいに出ている「天御祖神《あめのみおやがみ》」という名前で日本に降臨《こうりん》した神も、ほぼ本体に近い存在であったので、それで東のほうがすごく進んできたというところはあったと思うんだけどね。

まあ、これを言い始めるときりはないんだが、教えはたくさんあるので、何の教えかといっても……。それは、本《ほん》拠地《きょち》が地球でなかった場合もあるみたいなので、よく分からんのだが、ちょっとはるかなる星からときどき来ていた

『信仰の法』（幸福の科学出版刊）

ようなところもあるので、意外に地球人というだけではなくて、けっこう行ったり来たりしているような感じなので。地球の様子を見ながら、ときどき降臨してくる感じがあったみたいなので。

「魂《たましい》として肉体に宿る」というかたちでの降臨は、確かに仕事として限界がかなりあるので。人間としての限界が出るので。

そうでない場合の、この「霊体《れいたい》としての神だけで来る場合」もあるし、「肉体に宿るところまでやる場合」もあるし、両方あったと思うんだけれども。

エル・カンターレ以前なら、比較《ひかく》的本体に近いといわれている者が、その天御祖神なのではないかと思う。

わしらには、どのくらい偉《えら》いのかも、その違《ちが》いはちょっと分からんけれども、少なくとも、このアジア全体を光らせて、ムーには大きな影響《えいきょう》を与《あた》えているし、それから、インドの文明や中国文明、それから日本の文明、その他の繁栄《はんえい》にはなったし、もう今は滅《ほろ》びている永久凍土《とうど》で眠《ねむ》っているところにも文明はあったはずで。行ってくる人がいないから分からないけれども、あのへんにも文明はたぶんあったはずなので。

あとは、余計なことを言えば、「アメリカの古代文明」がほとんど解明されていないので、「アメリカの古代文明」のところも、何か、それはつながりがたぶんあったはずなんだがな。

質問者B　ああ、そうですか。

「武士道の源流」でもあったといわれる天御祖神の考え方とは

質問者A　ちょっと一つだけよろしいでしょうか。Cさんの質問の関連なんですけれども……。

武内宿禰　あっ、ああ、「何を教えたか」って?

質問者A　あっ、はい。その内容の一つとして、われわれが教えを学んでいるなかで、天御祖神様は「武士道の源流」でもあったという、そういう流れもございます。日本だけの武士道ではなく、世界に広がるような武士道というものも『現代の武士道』（幸福の科学出版刊）という経典《きょうてん》で、大川隆法総裁先生にさまざまに教えていただいているのですけれども……。

武内宿禰　まあ、だから、（天御祖神の）考え方のなかにね、正邪《せいじゃ》を非常にはっきりする考え方をお持ちだったんじゃないかなあ。

質問者A　正邪をはっきりする考え方があったと？

武内宿禰　それとね、今、伝わっている日本刀のもとになるものが、まあ、同じじゃないけどね、「正邪を分かつ剣《けん》」のようなものが、法具の一つとしてはあって。だから、「邪なるものを罰《ばっ》する」という考え方、あるいは「追放する」、そして、「正しいものが繁栄すべきだ」という考え方をはっきりと教えていると思うんですよ。

この考えは、だから、イランあたりのゾロアスター教とかにもちゃんと行っているし、エジプトあたりでも、トート神《しん》の秤《はかり》で量られたりもしていると思うけれども、この「善悪を分ける」という考え方は非常にはっきり出ていたね。

だから、この三万年期の歴史のなかで善悪をはっきりさせる。文明の衝突《しょうとつ》が起きて戦争が起きるけれども、古来、さまざまな種類の文明があって、たまたま力関係で戦争が起きると思うかもしれないけれども、やっぱり、それぞれのときに「神の善悪、正義というものがなかったら、地球というものは存続できない」という考え方を強く降ろされた方。

アルファという人は「創造」を中心にするらしいけれどもね。

質問者A　アルファは「創造」を中心。

武内宿禰　エローヒムという人は「慈悲《じひ》」を中心にする神。

質問者A　「慈悲」を中心に。

武内宿禰　うん。それで、この天御祖神というのは、「正義」や「降魔《ごうま》」を中心にする考え方を持っていたと思われるので。この考えは西洋にも行っているはずです、ちゃんと、うん。

質問者A　はあぁ……。

質問者C　ありがとうございます。

8 「食料の起源」と「動物への信仰《しんこう》」の秘密を語る

穀物や芋類《いもるい》などはどこから来たのか

質問者C　そういった信仰《しんこう》の下《もと》、富士《ふじ》王朝の国のあり方といいますか、統治のあり方など、お教えいただけることがございましたら、お願いいたします。

武内宿禰　うん、まあ、あの……、最初は農業のところからね、もちろん導かなきゃいけなかったらしいので。

だから、「宇宙産のもの」もいっぱい来ているんだけれども、地球で根づかなかったものもあることもあるので、ええ。うまく根づいたものもあるけど、根づかなかったものもあって。まあ、いろんなものを持ってきて、「宇宙のもの」を育ててみたみたいなんですけどね。

例えば、稲作《いなさく》みたいなのをするためには、水のところが非常に大事になるので、灌漑施設《かんがいしせつ》をつくらなければ……。要するに用水だよね。川から水を引いてくる用水路の工事ができない場合は、山の麓《ふもと》あたりでは稲作は基本的にはできないのでね。できるとすれば、高温多湿《たしつ》で雨が多かった時期にはできたけど、そうでないときにはできないから。季節によっては、それもなくてもできたときもあるけど、できないときもあったわね。

あと、世界に何かを降ろそうとしていたのは、「人類の食料源」だよね。食料源を何にするかということで、穀物としては何種類か教えたんですけれども。

質問者B　それは具体的にちょっと教えてほしいところです。

武内宿禰　それは、お米はちょっとつくるのが難しいのは難しいので、粟《あわ》、稗《ひえ》をはじめとして、ほかにも……。まあ、粟、稗、蕎麦《そば》みたいなものもあるし、ほかにもちょっと、今はもうない穀物もあることはあるんですけれども。

要するに、荒《あ》れ地で育ちやすいものとか、そういうものから、だんだん山間部とかで育ちやすいものをつくるあたりで、まずは生命の維持《いじ》ができるようにしなきゃいけないので。

それから、小麦、大麦、お米……。今の小麦とお米が主力になってきたのは、ここ三千年ぐらいがいちばん強くなってきたところで。で、そういうものが穫《と》れない場合は、そういう穀物？　粟、稗等でもつくれないような場合には、芋類《いもるい》でね、基本的にはジャガイモ系の芋かサツマイモ系の芋か、その〝変化形〟を世界各地で栽《さい》培《ばい》させたようではあるね。

芋類と、もう一つは、トウモロコシに近い種類のものだね。こういうものも栽培していて。

まあ、「天候」と……、「天候」というか、うーん、「光の当たり具合」と「水分」

のところは難しくてね。

これは、ちょっと、日本の話ではないけれども、アンデスのほうで御祖神《みおやがみ》様の分身が出られたときに、やっぱり水をね、あれはペルーかな。ペルーのほうでやるときに、水をやっぱり引いてくるのが大変だったというのと、動物を飼うのにも、ちょっと、塩分を補給するのがけっこう大変だったというのは聞いてはおるんだがな。

だから、太平洋に当たるのかな、太平洋の海岸も、海岸縁《ぶち》の所から、塩を運んだりする道をつくったりしなきゃいけなかったし、チチカカ湖に当たる所からの水をどう引いてくるかみたいなのは、そうとう大変だったというのは、聞いてはおるんだけどな、まあ。

世界のね、まずは「食料増産計画」から入らなきゃいけなくて。宇宙の食料と同じではないんだけど、いろんな所から持ってきて、「何だったら育つか」みたいなのを、ずいぶんやっておったような感じではあるな。

それから、海の魚は、確かにだんだん増えていっていたから。日本は魚文化がけっこう強かったわな。そういうものはあるし。

仏教が入ってから四つ足はあまり食べなくなってはいるけれども、古代には四つ足も食べられてはいたんでね。ちょっと、仏教が入ってからあまり食べなくはなっているけど。

まあ……、いろんな感じの、「農業」と「漁業」のところは、ずいぶん苦労してやったようだな。

日本の歴史でも、私が知る範囲《はんい》内でも、やっぱり、「海の幸《さち》」と「山の幸」が入ってくる、集積できるような所に、だいたい都市部が出来上がっているようには思えたかなあ。

最初は富士の所だけれども、土地がなあ、だから、火山灰中心になっていったら、ちょっと、だんだん具合が悪くなっていって、向かなくなってきて。そういう火山灰で育つものとなってきたら、もうかなり限られてくるので。芋とか根菜類はいけるんだけれども、そのへんの水の供給が大変になって、ちょっと移動していったようには見えるけどな、うーん。

稲荷信仰《いなりしんこう》はどのように発生したのか

質問者C　主食についてすごい秘密を明かしていただいたのですけれども、日本の主食でありますそのお米のところで、「稲作」のところと「稲荷信仰《いなりしんこう》」のところが関係しているのではないかという説もあります。

武内宿禰様がご覧になっている長い日本の歴史からご覧になって、稲荷信仰というのは、どういったかたちで発生したのでしょうか。

武内宿禰　まあ……、ちょっと狐《きつね》と一緒《いっしょ》になっているようだけれど、「狐の色」と「尻尾《しっぽ》」を見れば分かるわな。あんなの、（右手を挙げて手首を曲げ、手で弧《こ》をつくるようなしぐさをしながら）尻尾をこうしたら稲《いね》がたわんでいる、〝刈《か》り入れ前の稲〟ってみんな、こういう感じになっているというか、あれが〝狐の尻尾〟によく似ておるんだよな。

そのへんのところもちょっとあって、たぶん、縁起担《えんぎかつ》ぎで狐の信仰が始まっているんだろうとは思うんだけどね。

うーん……、まあ、狐の起源のところにもちょっと問題はあるのかもしれないけれども、星から来たときに、何かそういう、うーん……、まあ、魔法《まほう》かな。一種の魔法、魔術みたいなものを得意とする人たちも来ていて。どっかの段階で、人類のなかで、「この新しい地球での神の教えに帰依《きえ》するタイプ」と、「元のその魔法みたいなのに頼《たよ》る種族」とで、少し分かれてきたところがあって。

そういう場合に、一部、動物の体のなかのほうに入れられていった時代があったような感じで。それで霊力《れいりょく》を持った動物というのが存在はしているみたいだね。だから、生まれ変わるときに人間に生まれ変わらせないというのが出たときがあって。まあ、そういうものが一部、狸《たぬき》とか狐とか、その他妖力《ようりょく》を持った動物に生まれているところはあるし、東洋系は特に、ちょっとそういうのは多いね。でも、西洋もあるか。あることはあるな。

だから、「人間でも宿れるぐらいの魂《たましい》」が動物に宿る場合もあるんだけど。それを聖獣《せいじゅう》という場合もあるんだけど。

うーん……、例えば、エジプトなんかで、猫《ねこ》もけっこうあったらしいと聞いとるけれども、「アヌビス」というのも、あれは狐と言えば狐だし、山犬と言えば山犬……、まあ、ジャッカルなんかのようなものかと思うけど。あのジャッカル？　エジプトなんかのジャッカルなんかも、この狐信仰とつながりはたぶんある。それは、今のスフィンクスやピラミッドにもだいぶ描《か》かれていると思うけどね。

その霊力を得ようとして、何か頭から被《かぶ》り物を……。だから、ジャッカルの首のところの毛皮を被ったりしていたようなものが、ちょっと、そういう文化も一部入っていると思うんだけど。

動物のなかに人間の言語を解する、そういう魔力を持った動物がいたということやな、まあ。

それは動物のほうがね、生存が楽な場合もあったんだよ。人間のほうが手がかかるというか、生きていくために補助の機能がそうとうないと、人間は生きていけない。だけど、動物のほうはもうちょっと荒々《あらあら》しい環境《かんきょう》下で生きられることがあるので。宇宙から来た魂なんかでも、人間に宿って生きていくのは、これは大変だなというのもあったので、一部、あなたがたがよく知っているような身近な動物等のなかの肉体に宿ったものも、まあ、いることはいるね。

それから、今はもうほとんど見当たらないのであれだけれども、「龍《りゅう》」の話は、もうイギリスから中国、日本まであるけれども、それはいたわな。本当にいたということやな。

だから、巨大《きょだい》な生物が、しかも、海とか川に住むんならともかく、空を飛べたという時代があったという。まあ、これは残念ながら、今は、もはや見つけることは、もうかなり難しいけどね。

でも、宇宙の生命体として、もうすでに存在していたものだと思うけどね、もともとね。だけど、地球ではちょっと生存が難しくなってきたのは、おそらく食料の問題だろうとやっぱり思うけどね。かなりの食料を必要とするため、ちょっと、地球の生き物が少し小さいので食料が十分ではなかった面はあるのかなあと思うし、重力の問題もちょっとあったかもしれないけどね。

「龍族」も「ドラゴン族」も、だいぶ来てはいるんだけどねえ。うーん……、よく滅《ほろ》びてはいるね。

9 「日本の国体の正しい理解」を述べる

聖徳太子《しょうとくたいし》と推古《すいこ》天皇が行《おこな》った革命的な動きとは

質問者A　だんだん時間もなくなってきたのですが、今日の収録は、「神・信仰《しんこう》・国家」ということでテーマも立てさせていただいております。

この「国家」のところで、日本の国体の創立についてのお話が冒頭《ぼうとう》でもございましたが、最近、聖徳太子《しょうとくたいし》と推古《すいこ》天皇の霊言《れいげん》という、尊い霊言を頂きました。

これから学ばれる方もいらっしゃるので、あまり詳《くわ》しいことは公開では申せませんが、霊的に見ると、どういう魂《たましい》のつながりかはまだ明確ではないのですが、実は、聖徳太子は、「仏陀《ぶっだ》、ゴータマ・シッダールタ、釈尊《しゃくそん》の魂と非常にご縁《えん》がある」ということです。

また、「推古天皇は、実は、天照大神様《あまてらすおおみかみ》のご転生《てんしょう》のお一つであった」ということも、その霊言のなかで明らかになってきておりまして、聖徳太子と推古天皇のこのコンビネーションで日本の国体が決まってきているようなところもありました。

ある面、霊的に見ますと、「仏陀と天照大神」の融合《ゆうごう》された体制と申しますか、「仏教と神道《しんとう》」の合わさったような組成《そせい》・形成の国体という特徴《とくちょう》ではあるのですけれども、これには、武内宿禰様から見られまして、日本の長い歴史のなかで見たときに、どういったミッションがあったのでしょうか。このへんのコメントをもし頂けると、ありがたいと思っております。

武内宿禰　まあ、わしよりあとの時代には当たるが、確かに、「仏教」はねえ、伝説としては、もう教科書で書いてある年代より前に、話としてはそれは日本に来てはいたのよ。話としてはね。

明確に、何て言うか、「仏像」とか「お経《きょう》」とかいうかたちで入ってきたのが五〇〇年代だろうけどね。

だから、入ってきて……。うーん、まあ、ちょうど日本で幸福の科学をやっていて、これが、二十一世紀中に、海で離《はな》れた他の国に入れられて、その国の国教とかになれば、同じようなスタイルになるんだろうと思うけどね。

まあ、ちょっと、いろんな教えはあるし、日本の古来の神道の流派もいっぱいあって、あるいは中国の教えもいっぱいあったなかで、中国を越《こ》えてインドから入ってきている仏教を日本に取り入れて、それを国教化しようとしたわけよね、彼らは。

だから、それはねえ、いやあ、その当時としては革命的なことではあるんだよ。それに匹敵《ひってき》するものは、やっぱり、次に明治維新《いしん》ぐらいしかもうないので。明治維新のほうは、まあ、「欧米《おうべい》の神やその教え」を日本に入れたようなものだからね。少なくとも、「実学のレベル」というか「生活のレベル」では、文明として受け入れたのが明治維新だよね。

だから、そのころは、推古天皇と聖徳太子の力で、仏教的なるものを日本に植えつけようとしたっていうことだよね。

神道的なもののもとを手繰《たぐ》れば、「御祖神降臨《みおやがみこうりん》のときの教えの一部」が流れてきて、東洋にいっぱい行き渡《わた》っていたんだけど、だんだんに、教えがね、何か散漫《さんまん》になって、〝部族宗教〟になって、ちょっと分からなくなってきて、敵と戦うための宗教（になって）……。まあ、それはみんな願掛《がんか》けをするんでね、戦うときにね。

まあ、そういうふうな、〝それぞれの部族の神〟になってしまって、ちょっと、「共通神《しん》」みたいなものがそうとう薄《うす》れてきつつはあったんでね。

それで、「仏教を根本《こんぽん》に置くべし」という考えだったんだけども……。

まあ、ここが難しいところなんだが、神功皇后《じんぐう》と、そのあとの「大化の改新」のころの……、そうだなあ、日本神道の復興運動があったので、ちょっと神と仏が割れていたところがあったんだな。

聖徳太子と天照のほうがそこで仏教を入れて、次の平安時代に「神仏習合《しんぶつしゅうごう》」がもう一回起きているけどね、そのもとになるものをいったんつくって、平安時代に「神仏習合」をして、まあ、両方混ざったものだけど、あと、鎌倉期《かまくらき》にもう一回、仏教の再興運動が起きているわね。それで、そうとう根深くは入った。

もう仏教としては、日本が最後なのでね。だから、まあ、それは、「エル・カンターレ下生《げしょう》」までつなぐつもりで、やっていたんだろうと思うので。

質問者A 「エル・カンターレ下生」までつなぐつもりで……。

武内宿禰 うん、そうそうそうそう。

質問者A 戦略的に……。

武内宿禰 うん。入《い》れないと、そりゃ、つなげないから。私たちの計画は、ほら、千年、二千年は当然なことだから。

質問者A　計画性のレベルで……。

武内宿禰　うん、うん。千年、二千年、考える。「そのあたりで（仏教を）入れて、ここで中興をもう一回して、それから降ろす」みたいなことを。

まったく素地《そじ》がなかったら、例えば、まあ、キリスト教国に仏教をスポンと入れるのは、なかなか、そんなに簡単ではないわね。

だけど、キリスト教のほうにも、ほんとは仏教は入っているんだけどね。インドのほうから来て、預言者みたいなかたちで、実は仏陀（の教え）がキリスト教のなかに入っていることはいるんだけどね。

そういうふうに書かれているものも入ってはいるんだけど、まあ、いろいろなものが、ほんとはいっぱい、かたちを変えて、いろんな入り方はしているのね。

聖徳太子と推古天皇の魂《たましい》の秘密

武内宿禰　だから、推古天皇さんが「天照の分け御魂《みたま》」というのは、そうだろうと思うよ。女帝《じょてい》と思われる者はいくらかいるんだけども、正式に「天皇」と認定されたのは推古天皇が最初なんですよね。

それから、もう一つ、光明《こうみょう》皇后というのは、もう百年後ぐらいに出ていると思うんだけどね。この〝二人〟で出て、光明皇后のときは「奈良《なら》の大仏」のときだよね。「大仏建立《こんりゅう》」で、もう一段、ガシッと固めたね。

質問者A　確かに、光明皇后は仏教を推進され、大仏建立の詔《みことのり》が出されました。

武内宿禰　だから、その前の段階で、聖徳太子のときには、「教えを入れる」っていう。そして、「仏像を（お辞儀《じぎ》の動作をして）こう拝《おが》む」っていうかたちで、次は大仏を建てて。あの奈良の大仏を建てることで、国の中心軸《じく》をつくろうとしたから、これは意外に大きな革命なんですよ。だから、大変ではあったんですけどね。だから、「聖徳太子が釈尊の流れを引いている」っていうのは、私は肯定《こうてい》できますね。「そうだろう」と思いますね。そういうミッションを持っていないと、できるわけがないので。

突如《とつじょ》、日本の歴史のなかに、あんな〝超《ちょう》天才〟みたいな人が出てきているので、超天才すぎて、なんか後世の日本人が信じられないんでしょう。だって、あとの人がものすごく見劣《みおと》りして見えるもの。ずーっと、日本人が〝普通《ふつう》の人間〟に見える。そこだけ、なんかボコーッと上がっている。超天才みたいにボコーッと。あまりに進みすぎているんですよ。あまりに進みすぎているので。だから、これ、時代を超《こ》えているよね、明らかに。

ただ、暗殺集団たちにいつも狙《ねら》われていたんでな。かわいそうではあるが、〝ちっちゃな部族神〟を信仰している連中たちに、追い出されようとして、いつも狙われていたわけで。「突出《とっしゅつ》しすぎた天才は理解されない」っていう、同時代にな。「そういうことはある」っていうことだよな。

でも、聖徳太子は想像の人物ではないので、ちゃんと復活させてやらないといけないよ。

日本を復興させたかったら、（一万円札の肖像《しょうぞう》の）福沢諭吉《ふくざわゆきち》、すまんけど、そろそろ……。大学はたくさんあるので、慶應《けいおう》ばっかり応援《おうえん》するわけにはいかない。あと、大隈重信《おおくましげのぶ》だって、まあ、確かに、五千円札か何かになったことはあったかな？　昔な。

まあ、それはいいとして、聖徳太子に（お札《さつ》の肖像を）もう一回お返ししたほうが、国の経済的繁栄《はんえい》が戻《もど》るかもしれませんね。もうちょっと頭が上がらないと、文明っていうのは発展しないものなので。

「理解できる」っていうのは……、やっぱり、認識力がないものは理解できないんでね。

奈良《なら》と鎌倉《かまくら》の大仏で表されている仏陀《ぶっだ》の持つ二面性とは

武内宿禰　だから、あの当時は、けっこう大変だっただろうと思いますし、もう岩《がん》盤《ばん》みたいになっていたから。まあ、「九州発の神道」と「地元の奈良《なら》周辺の神道」とも、けっこう、これは平定した、組み敷《し》いたかたちで同居しておりましたからね。まあ、抵抗《ていこう》勢力が、やっぱり、けっこう周りにありましたし、ほかにも豪族《ごうぞく》がけっこうあちこちにいっぱいいたし。

それから、仏教も入ったんだけど、それも利用しながら、仏教修行《しゅぎょう》に見せながら、〝神道の変化形〟が仙人《せんにん》の道の「仙道《せんどう》」として、役小角《えんのおづぬ》とか、その他ですね、ああいうふうな「山岳《さんがく》修行」から、若干《じゃっかん》、「ヨガの世界」ともつながる。

それは仏陀《ぶっだ》が離れた世界だけど、なんか、そちらのほうにも持っていこうとする者もあったりして、いろいろ戦いは起きているんですね。

だけど、そういう、超能力をあまり見せすぎる信仰っていうのは、ある意味で、唯物論《ゆいぶつろん》との仲介《ちゅうかい》をするような立場なので、やっぱり「目に見せないと信じない人たちが多かった」ということやな。

「目に見えないものを信じられる」っていうほうが、やっぱり信仰としては高いのよ。レベル的には高いので。

(聖徳) 太子が、天照大神を推古天皇として抱《いだ》きながら仏教を入れたことで、やっぱり、大日如来《だいにちにょらい》的な毘盧遮那仏《びるしゃなぶつ》信仰が、次に奈良の大仏のときに現れてきているものだと思うね。

そして、鎌倉期《かまくらき》には、平家《へいけ》を滅《ほろ》ぼしたりしたこともあったからね。まあ、それは南北戦争みたいなものだから、日本の。

まあ、そういうこともあり、二つに分かれて、平家と源氏《げんじ》に分かれて戦って、武士の世で大変ではあったけど、その正当性を立てるために、やっぱり「鎌倉の大仏」とかもできて。

「鎌倉の大仏」は、阿弥陀仏《あみだぶつ》……。あれは、お釈迦《しゃか》様の釈迦牟尼仏《しゃかむにぶつ》と思われていることも多いけど、阿弥陀仏なんですよね、いちおうは。阿弥陀仏は救済仏《きゅうさいぶつ》であるので。だから、まあ、戦争によって滅んでいった数多くの人たちを弔《とむら》う意味もあったのではないかなあと思うんだけどね。

だから、本当は、仏陀の持つ二面性かな、「真理」を表す大日如来的側面と、「救済」を表す阿弥陀仏的側面と、この両方が、あの二つの大仏で表されているっていうことだよね。この二つがあることで、けっこう安定しているところはあると思うな。だから、大日如来信仰と天照信仰とが合一していって、「神仏習合」が起きているわね。

現代の日本では、ややそういう傾向《けいこう》はあるけども、天照様自体が、その魂《たましい》の一部がインドにもお生まれになったことがあったので。うーん、ヤショーダラー妃《ひ》としてお生まれになったこともあったので、「仏教をつくったときにも関係があった」ということで、「習合するには意味がちゃんとある」ということだわな。

現代の日本や皇室に対する見解

質問者A　もう時間がだいぶなくなってきましたけれども、現代日本に対して、武内宿禰様から見て、一言《ひとこと》、何かあれば……。

武内宿禰　現代の何？

質問者A　「現代日本の文明」に対して、天上界《てんじょうかい》から思うところを、ビシッと何か一言ございましたら……。

武内宿禰　いやあ、まあ、皇室が皇室を理解しておらん感じはちょっとあるわな。今、マスコミ等の批判もけっこうきついけども。

まあ、唯物論科学の時代になっているとはいっても、皇室が存続できている理由は、やっぱり、それは信仰がなければ駄目《だめ》で、信仰を否定した政治のなかに皇室が存在できるわけはありませんのでね。

だから、うーん、まあ、厳しいでしょうな。イギリスの王室、タイの王室、それから日本の皇室、この三つが二十一世紀を行き越せるかどうかは、けっこう厳しいことが起きているわな。今はちょっと揺《ゆ》らいでいるようには見えますね。

まあ、「これをどう生きられるか」っていうことですが、やっぱり、神、仏を分けるのではない、もう一段大きな信仰心というものに基《もと》づく国家をつくらないと、ちょっと厳しいのかなあという感じです。

今の皇室には、まあ、立派な方ではあったんだけど、美智子《みちこ》妃、雅子《まさこ》妃という民間の人が入って、ちょっと、キリスト教文明のほうにあまり影響《えいきょう》を受けすぎたものも入ったために、若干《じゃっかん》、厳しくなっている面はあるかな。

令和の時代になってから、もう、いいことは何にも起きていない。悪いことばっかり起きておりますので、これは何か……。

今はコロナウィルスが流行《はや》っているそうだが、まあ、昔で言やあ、疫病《えきびょう》だろうなあ。疫病も流行っているし、戦乱も起きるし、災害も起きるし、いいことはあまり起きていないので、これは信仰だな、信仰を立たさないと、まあ、駄目だろうね。

明治神宮《じんぐう》には参拝《さんぱい》しているかもしらんけど、明治天皇は百何年ほど前の人だからね、根本の神ではないわの、どう見ても。

まあ、伊勢《いせ》神宮もあるんだけども、伊勢神宮の神を十分理解はしていないからねえ。だから、「形式だけが宗教」と思っているようなところがあるから。形式はあるけど、それはその作法《さほう》であって、〝作法の奥《おく》にあるもの〟がやっぱりあるわけだからね。

禅宗《ぜんしゅう》で言えば、「禅のかたちだけあればいい」っていうような教えが伝わっているけど、そうではなくて、やっぱり、それは瞑想《めいそう》に入《い》るための、禅定《ぜんじょう》というのに入《はい》るためのかたちだわな。

だから、神社崇拝《すうはい》、参拝も、まあ、かたちはあるけども、ちゃんとそれは意味があることで、やっぱり信仰の対象があるし、（柏手《かしわで》を二回打ちながら）柏手を打つのだって、これだってお祓《はら》いの意味が入っているからね。「邪気《じゃき》を祓って、清い心で神と相対峙《あいたいじ》する」っていうことが入っているわけだから。

だから、今は、「日本」という国は、まあ、現代人に分かるように言うとすれば、それは、「仏陀・釈尊と天照大神が協力してつくり上げた国だというふうに理解するのが、正しい理解の仕方」だと思います。そういうふうに考えていいと思います。もとを辿《たど》れば、日本に降臨されたのは天御祖神《あめのみおやがみ》っていう方ではあるけども、「この方自身は、西洋にまで影響を与《あた》えた方でもあるし、ユーラシア大陸にも影響を与えた方でもある」ということだわな。だから、これについては、もうちょっとご本人からお聞きになったほうがええかとは思うけどな。

宇宙の時代を開いていくために必要なこととは

質問者Ａ　（質問者Ｂ・Ｃに）お二人、最後、質問のほうはよろしいですか。

はい。お時間となりました。

武内宿禰　何だか、あなたの好きそうな、（幸福の科学の）月刊誌が、まあ月刊「ムー」に変わる寸前ではあろうとは思うけど、ここまで来たら開き直ったほうがいいよ。

質問者A　分かりました。

武内宿禰　月刊「ムー」を超えて、古代文明、超古代文明にもう入っていくしかないですね。ムー以前に行かなければいけないい。

まあ、もともと、そうだから。『太陽の法』にちゃんと書いてあるから。なあ？

『太陽の法』（幸福の科学出版刊）

質問者A　はい。

武内宿禰　そんなの、もう何億年もの……、あのあたりでバッシングを受けなかったのが不思議なぐらい。ねえ？

質問者A　はい。

武内宿禰　「よく売れた」っていうのが、ちょっと信じられない。世界で今読まれているからさ。

人類の歴史を、二千年や三千年、せいぜい五千年とか一万年とか思っている人が、みんな、もう「ネアンデルタール人がどうか」とか言っているから、「そんなに貶《おとし》めるなよ」っていうところで、「もっともっと高貴な時代がいっぱいあったんだっていうことは、心を開かないと見えないよ」って。

だから、「宇宙から飛来してきたUFOがいる」っていうことをアメリカの大統領が公開してから、今、ちょっとずつ扉《とびら》が開《ひら》いてきて、あなたがたの映画もあるだろうけども、宇宙の時代、宇宙の世界も開けようとしているんだろうから、「地球文明との関係がどうであったか」を知る必要が次にあるだろう。

だから、幸福の科学は、もう月刊「ムー」を超えなければいけないので。もっともっと、「オカルト」と言われることに耐《た》えて、「これが本物なのだ」って、バーンといかなくてはいけないわな。

もうちょっと心を開かないと、UFOさんも降りてこないし、宇宙人も出てきてくれない。それは、拒否《きょひ》する考え方が強いからねえ。だから、もうちょっと素直《すなお》になったらええよ。

神の根本まで行くと、それは「宇宙の文明」までさらに行くからね。その「歴史」まで明かせるかどうかは知らんけども、もうちょっと信者層が広くて固まらないと厳しいねえ。政党や大学のところあたりでまだ〝ブロック〟されているようでは、ちょっと、もう一段、超える必要はあるから、あらゆる手を使って、やっぱり押《お》し広げていかなくてはいけない。

まあ、私はね、日本の神社神道、神社本庁等を、全部、帰依《きえ》させるつもりでいるし、日本に来ている仏教も、全部、帰依させるつもりでいるし、キリスト教も帰依させるつもりでいるし。もう、戦争ばっかりしている、テロばっかりやっているイスラム教も、全部、『コーラン』を投げ捨てて帰依させてやろうと私は思うとるので。

「おまえらは、ちゃんと身のほどを知れ」ということやな。本当の世界宗教をつくらなければいかんと思うな。それがねえ、古代の姿でもあったんだということだよな。

日本人は「ナンバーワン」になるのを怖《こわ》がりすぎておる。だから、その考え方は改めたほうがいいと思うな。概要《がいよう》はそういうことかな。

まあ、百歳《さい》まで生きたか、三百歳まで生きていたかなんか、小さい話やないか。

もう気にせんでよろしい。まあ、そんなことや。

質問者A　本日は、武内宿禰様より、尊い智慧《ちえ》を賜《たまわ》りました。本当にありがとうございます。

武内宿禰　はい。

質問者A　心より感謝申し上げます。

10　霊言《れいげん》の収録を終えて──「富士山《ふじさん》の古代王朝」存在の真実

大川隆法　（手を二回叩《たた》く）まあ、歴史学者にはもう耐《た》えられないぐらいのところまで広がってしまったので、もう諦《あきら》めるしかないと思います。

歴史学者は、もう少し細《こま》かい、いろいろなものをつかないと駄目《だめ》なのだろうから。古代文書《もんじょ》に漢字が入っているだけでも「偽物《にせもの》だ」と言うぐらい、そういう細かいところに（手を目の前で動かしながら、目が一点を見ているようなしぐさをして）〝目がこう〟だからね。

その外側まで行ってしまったから。月刊「ムー」に載《の》せられないようなところまで入っているので、もう諦めましょう。広げるしかないです。それを信じる人が増えれば、それは事実に変わるので。

私たちが事実として教わっていることだって、そうとう否定されたから。「違《ちが》う」ということで、そうとう言われたので。

でも、「富士山《ふじさん》を中心として古代王朝があった」というのは、私は、ある程度受け入れられるなら、そうであるべきでないかとは思います。

宇宙から降りてきた文明があるとしたら、富士山のあたりは、やはりいちばん目立つ所ですから、（そこに降りることを）考えると思います。やはり、あったのではないかとは思います。

これは、ちょっと間《あいだ》が空《あ》いているので、もう名前も遺《のこ》っていないから、どういうふうにつなぐかは分かりませんが、もう宇宙人に解説でもしてもらわないと駄目かもしれません。

今年の後半は「宇宙の法」のほうに入りますので、宇宙人の話などがもっといっぱい出てくるでしょう。今、上映中の映画「美しき誘惑《ゆうわく》―現代の『画皮《がひ》』―」が終わったら、次に「宇宙人」のほうへと移動してくるので、いっぱい出てき始めると思うので、まあ、頑張《がんば》ってください。やはり、信じる人を増やさなければいけないから、(発行) 部数が増えることはいいことです。

とにかく、「武内宿禰と称《しょう》する人で存在する人はいる」ということです。もしかしたら、「宿禰」は役職で、大臣クラスも……。何だろう、これは、うーん……。まあ、大臣といっても、束《たば》ねるようなところの大臣でしょうね。

質問者A　はい。

大川隆法　だとすれば、「武内家がそういうのを持っていた」ということでしょう。そして、「文書《もんじょ》もつくっていた」ということでしょうね。

「これが○○さんかどうか」ということについては、ちょっとクエスチョンで、「アフロディーテまでつながったら、おかしいのではないか」というクエスチョンはございますが、まあ、それは別途《べっと》の話にしておきましょう。

質問者A　はい。

大川隆法　では、ありがとうございました。

質問者A　本日は、ご指導まことにありがとうございました。

あとがき

「知は力である。」武内宿禰という人を知らなければ、その人の思想を語ることも、霊言することもできない。

たとえば、現在全世界を苦しめているコロナウィルス・パンデミックは二億人近い感染者と数百万人の死者を出しているが、この原因が、中国の武漢のウィルス研究所から流出した生物兵器による世界戦争か、自然界のコウモリウィルスが他の動物等を媒介として偶然に広まったか。それとも、中国政府が苦肉の策で言っている「外国の冷凍食品にウィルスがまじっていた」という説をとるかでも、歴史の評価と、人類の未来は違ったものになろう。

ただ、あのうぬぼれの「中華思想」と「専制政治の独裁」の結合は、解体されるべきだろう。

「天御祖神《あめのみおやがみ》文明」が、「富士王朝《ふじおうちょう》」をつくり、中国やインドにも広がったという説も、日本から発信しなければ、どこからも出はしないだろう。日本文明三万年説を本書は提言する。

二〇二一年　六月二十二日

幸福《こうふく》の科学《かがく》グループ創始者兼総裁《そうししゃけんそうさい》　大川隆法《おおかわりゅうほう》

『武内宿禰の霊言』関連書籍

『太陽の法』（大川隆法 著　幸福の科学出版刊）
『黄金の法』（同右）
『信仰の法』（同右）
『現代の武士道』（同右）
『天御祖神の降臨』（同右）
『公開霊言 超古代文明ムーの大王 ラ・ムーの本心』（同右）
『大中華帝国崩壊への序曲――中国の女神 洞庭湖娘娘、泰山娘娘
　／アフリカのズールー神の霊言――』（同右）
『公開霊言　聖徳太子、推古天皇が語る古代日本の真実』（同右）

※左記は書店では取り扱っておりません。最寄りの精舎・支部・拠点までお問い合わせください。

『「天御祖神の降臨」講義』（大川隆法 著　宗教法人幸福の科学刊）

武内宿禰《たけのうちのすくね》の霊言《れいげん》

― 日本超古代文明の「神・信仰・国家」とは ―

2021年7月7日　初版第1刷

著　者　　大《おお》 川《かわ》 隆《りゅう》 法《ほう》

発行所　　幸福の科学出版株式会社

〒107-0052 東京都港区赤坂2丁目10番8号
TEL(03)5573-7700
https://www.irhpress.co.jp/

印刷・製本　株式会社 堀内印刷所

落丁・乱丁本はおとりかえいたします

ISBN978-4-8233-0276-3 C0014
装丁・イラスト・写真© 幸福の科学

日本文明の真実に迫る

◆ 大和《やまと》の国を創りし文明の祖《おや》 ◆

☆
天御祖神の降臨

★
「天御祖神の降臨」講義

☆
天御祖神の降臨

3万年前、日本に超古代文明を築いた存在からのメッセージである「天《あめの》御《み》祖神《おやがみ》の降臨」シリーズ。「武士道」の源流でもある日本民族の祖《おや》が明かす、日本文明のルーツや、神道の奥にある真実、そして宇宙との関係──。歴史の定説を超越した秘史に迫ります。

◆ 日本の自信と誇りを取り戻す ◆

☆
公開霊言
聖徳太子、推古天皇が語る
古代日本の真実

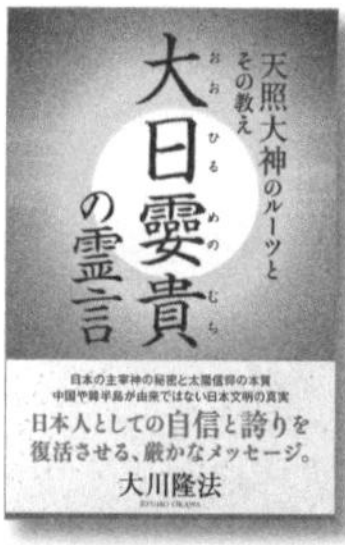

☆
大日孁貴の霊言

日本の礎《いしずえ》を築いた立役者が語る「古代日本の真相」と、大日孁貴《おおひるめのむち》によって明らかにされる「日本文明の発祥の真実」──。この国に生まれたことの「誇り」と「勇気」を復活させる書です。

☆…幸福の科学出版刊　★…宗教法人幸福の科学刊（会内経典）
★の詳細は、最寄りの幸福の科学の精舎・支部・拠点までお問い合わせください。

大川隆法ベストセラーズ・日本のあるべき姿

現代の武士道

洋の東西を問わず、古代から連綿と続く武士道精神──。その源流を明かし、強く、潔く人生を生き切るための「真剣勝負」「一日一生」「誠」の心を語る。

1,760円

日本建国の原点

この国に誇りと自信を

日本は、神々が育んできた「世界史の奇跡」──。著者が日本神道・縁《ゆかり》の地で語った「日本の誇り」と「愛国心」がこの一冊に。

1,980円

日本神道的幸福論

日本の精神性の源流を探る

日本神道は単なる民族宗教ではない！日本人の底流に流れる「精神性の原点」を探究し、世界に誇るべき「大和の心」とは何かを説き明かす。

1,650円

天照大神《あまてらすおおみかみ》の御本心《ごほんしん》

「地球神」の霊流を引く
「太陽の女神」の憂いと願い

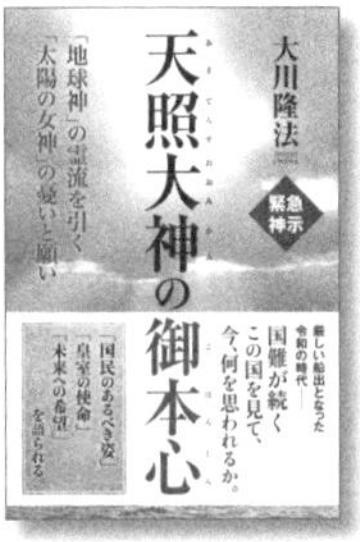

「太陽の女神」天照大神による、コロナ・パンデミックとその後についての霊言。国難が続く令和における、国民のあるべき姿、日本の果たすべき役割とは？

1,540円

大川隆法霊言シリーズ・宇宙時代の到来に向けて

UFOリーディング 救世主を護る宇宙存在 ヤイドロンとの対話

「正義の守護神」である宇宙存在・ヤイドロンからのメッセージ。人類が直面する危機や今後の世界情勢、闇宇宙の実態などが、宇宙的視点から語られる。

1,540円

R・A・ゴール 地球の未来を拓く言葉

今、人類の智慧と胆力が試されている──。コロナ変異種拡大の真相や、米中覇権争いの行方など、メシア資格を有する宇宙存在が人類の未来を指し示す。

1,540円

メタトロンの霊言

危機にある地球人類への警告

中国と北朝鮮の崩壊、中東で起きる最終戦争、裏宇宙からの侵略──。キリストの魂と強いつながりを持つ最上級天使メタトロンが語る、衝撃の近未来。

1,540円

「UFOリーディング」写真集
「UFOリーディング」写真集2

“彼ら”はなぜ地球に来るのか？ そして、何を伝えたいのか？ 宇宙時代の到来を告げる最新UFO情報が満載の「UFOリーディング」写真集シリーズ。

各1,650円

幸福の科学出版

大川隆法シリーズ・**最新刊**

大川隆法　初期重要講演集　ベストセレクション④

人生の再建

苦しみや逆境を乗り越え、幸福な人生を歩むための「心の法則」とは何か──。名講演といわれた「若き日の遺産」が復原された、初期講演集シリーズ第４巻。

1,980円

恐怖体験リーディング　呪《のろ》い・罰《ばち》・変化身《へんげしん》の秘密を探る

呪われし血の歴史、真夏の心霊写真、妖怪の棲む家……。6つの不可思議な現象をスピリチュアル・リーディング！ 恐怖体験の先に隠された「真実」に迫る。

1,540円

三島由紀夫、川端康成の霊言

現代日本への憂国のメッセージ

覇権拡大を続ける中国に対し、日本の国防体制はこのままでよいのか──。忍び寄る危機のなか、二人の文豪が語る「日本を護る精神」と「日本の生き筋」。

1,540円

エル・カンターレ　人生の疑問・悩みに答える　人間力を高める心の磨き方

シリーズ第4弾

人生の意味とは、智慧とは、心とは──。多くの人々の「心の糧」「人生の道標」となった、若き日の質疑応答集。人類の至宝とも言うべきシリーズ第４弾！

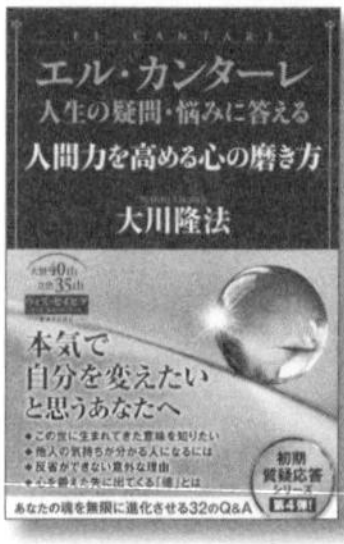

1,760円

※表示価格は税込10%です。

幸福の科学グループのご案内

宗教、教育、政治、出版などの活動を通じて、地球的ユートピアの実現を目指しています。

幸福の科学

一九八六年に立宗。信仰の対象は、地球系霊団の最高大霊、主エル・カンターレ。世界百六十カ国以上の国々に信者を持ち、全人類救済という尊い使命のもと、信者は、「愛」と「悟り」と「ユートピア建設」の教えの実践、伝道に励んでいます。

（二〇二一年六月現在）

愛

幸福の科学の「愛」とは、与える愛です。これは、仏教の慈悲《じひ》や布施《ふせ》の精神と同じことです。信者は、仏法真理をお伝えすることを通して、多くの方に幸福な人生を送っていただくための活動に励んでいます。

悟り

「悟り」とは、自らが仏の子であることを知るということです。教学《きょうがく》や精神統一によって心を磨き、智慧《ちえ》を得て悩みを解決すると共に、天使・菩薩《ぼさつ》の境地を目指し、より多くの人を救える力を身につけていきます。

ユートピア建設

私たち人間は、地上に理想世界を建設するという尊い使命を持って生まれてきています。社会の悪を押しとどめ、善を推し進めるために、信者はさまざまな活動に積極的に参加しています。

国内外の世界で貧困や災害、心の病で苦しんでいる人々に対しては、現地メンバーや支援団体と連携して、物心両面にわたり、あらゆる手段で手を差し伸べています。

年間約２万人の自殺者を減らすため、全国各地で街頭キャンペーンを展開しています。

公式サイト **www.withyou-hs.net**

自殺防止相談窓口

受付時間　火～土:10～18時（祝日を含む）

TEL **03-5573-7707** メール **withyou-hs@happy-science.org**

ヘレン・ケラーを理想として活動する、ハンディキャップを持つ方とボランティアの会です。視聴覚障害者、肢体不自由な方々に仏法真理を学んでいただくための、さまざまなサポートをしています。

公式サイト **www.helen-hs.net**

入会のご案内

幸福の科学では、大川隆法総裁が説く仏法真理《ぶっぽうしんり》をもとに、「どうすれば幸福になれるのか、また、他の人を幸福にできるのか」を学び、実践しています。

入会

仏法真理を学んでみたい方へ

大川隆法総裁の教えを信じ、学ぼうとする方なら、どなたでも入会できます。入会された方には、『入会版「正心法語《しょうしんほうご》」』が授与されます。

ネット入会　入会ご希望の方はネットからも入会できます。

happy-science.jp/joinus

三帰《さんき》誓願《せいがん》

信仰をさらに深めたい方へ

仏弟子としてさらに信仰を深めたい方は、仏《ぶっ》・法《ぽう》・僧《そう》の三宝《さんぽう》への帰依を誓う「三帰誓願式」を受けることができます。三帰誓願者には、『仏説・正心法語』『祈願文《きがんもん》①』『祈願文②』『エル・カンターレへの祈り』が授与されます。

幸福の科学 サービスセンター

TEL 03-5793-1727

受付時間／
火～金:10～20時
土・日祝:10～18時
（月曜を除く）

幸福の科学 公式サイト

happy-science.jp

ハッピー・サイエンス・ユニバーシティ

Happy Science University

ハッピー・サイエンス・ユニバーシティとは

ハッピー・サイエンス・ユニバーシティ(HSU)は、大川隆法総裁が設立された「現代の松下村塾」であり、「日本発の本格私学」です。建学の精神として「幸福の探究と新文明の創造」を掲げ、チャレンジ精神にあふれ、新時代を切り拓く人材の輩出を目指します。

人間幸福学部　経営成功学部　未来産業学部

HSU長生キャンパス TEL **0475-32-7770**

〒299-4325　千葉県長生郡長生村一松丙 4427-1

未来創造学部

HSU未来創造・東京キャンパス

TEL **03-3699-7707**

〒136-0076　東京都江東区南砂2-6-5

公式サイト **happy-science.university**

学校法人 幸福の科学学園

学校法人 幸福の科学学園は、幸福の科学の教育理念のもとにつくられた教育機関です。人間にとって最も大切な宗教教育の導入を通じて精神性を高めながら、ユートピア建設に貢献する人材輩出を目指しています。

幸福の科学学園

中学校・高等学校(那須本校)

2010年4月開校・栃木県那須郡(男女共学・全寮制)

TEL **0287-75-7777** 公式サイト **happy-science.ac.jp**

関西中学校・高等学校(関西校)

2013年4月開校・滋賀県大津市(男女共学・寮及び通学)

TEL **077-573-7774** 公式サイト **kansai.happy-science.ac.jp**

仏法真理塾「サクセスNo.1」

全国に本校・拠点・支部校を展開する、幸福の科学による信仰教育の機関です。小学生・中学生・高校生を対象に、信仰教育・徳育にウエイトを置きつつ、将来、社会人として活躍するための学力養成にも力を注いでいます。

TEL 03-5750-0751（東京本校）

エンゼルプランV

東京本校を中心に、全国に支部教室を展開。信仰をもとに幼児の心を豊かに育む情操教育を行い、子どもの個性を伸ばして天使に育てます。

TEL 03-5750-0757（東京本校）

エンゼル精舎

乳幼児が対象の、託児型の宗教教育施設。エル・カンターレ信仰をもとに、「皆、光の子だと信じられる子」を育みます。
（※参拝施設ではありません）

不登校児支援スクール「ネバー・マインド」

TEL 03-5750-1741

心の面からのアプローチを重視して、不登校の子供たちを支援しています。

ユー・アー・エンゼル!（あなたは天使!）運動

障害児の不安や悩みに取り組み、ご両親を励まし、勇気づける、障害児支援のボランティア運動を展開しています。

一般社団法人 ユー・アー・エンゼル
TEL 03-6426-7797

NPO活動支援

学校からのいじめ追放を目指し、さまざまな社会提言をしています。また、各地でのシンポジウムや学校への啓発ポスター掲示等に取り組む一般財団法人「いじめから子供を守ろうネットワーク」を支援しています。

公式サイト mamoro.org　ブログ blog.mamoro.org
相談窓口 TEL.03-5544-8989

百歳まで生きる会

「百歳まで生きる会」は、生涯現役人生を掲げ、友達づくり、生きがいづくりをめざしている幸福の科学のシニア信者の集まりです。

シニア・プラン21

生涯反省で人生を再生・新生し、希望に満ちた生涯現役人生を生きる仏法真理道場です。定期的に開催される研修には、年齢を問わず、多くの方が参加しています。
全世界212カ所（国内197カ所、海外15カ所）で開校中。

【東京校】 TEL 03-6384-0778　FAX 03-6384-0779
メール senior-plan@kofuku-no-kagaku.or.jp

幸福実現党

内憂外患《ないゆうがいかん》の国難に立ち向かうべく、2009年5月に幸福実現党を立党しました。創立者である大川隆法党総裁の精神的指導のもと、宗教だけでは解決できない問題に取り組み、幸福を具体化するための力になっています。

党の機関紙
「幸福実現党NEWS」

幸福実現党 釈量子サイト **shaku-ryoko.net**
Twitter **釈量子@shakuryoko**で検索

幸福実現党 党員募集中

あなたも幸福を実現する政治に参画しませんか。

○幸福実現党の理念と綱領、政策に賛同する18歳以上の方なら、どなたでも参加いただけます。

○党費:正党員（年額5千円［学生 年額2千円］）、特別党員（年額10万円以上）、家族党員（年額2千円）

○党員資格は党費を入金された日から1年間です。

○正党員、特別党員の皆様には機関紙「幸福実現党NEWS（党員版）」（不定期発行）が送付されます。

＊申込書は、下記、幸福実現党公式サイトでダウンロードできます。
住所:〒107-0052　東京都港区赤坂2-10-8 6階 幸福実現党本部
TEL **03-6441-0754** FAX **03-6441-0764**
公式サイト **hr-party.jp**

出版 メディア 芸能文化 幸福の科学グループ

幸福の科学出版

大川隆法総裁の仏法真理の書を中心に、ビジネス、自己啓発、小説など、さまざまなジャンルの書籍・雑誌を出版しています。他にも、映画事業、文学・学術発展のための振興事業、テレビ・ラジオ番組の提供など、幸福の科学文化を広げる事業を行っています。

アー・ユー・ハッピー？
are-you-happy.com

ザ・リバティ
the-liberty.com

幸福の科学出版
TEL **03-5573-7700**
公式サイト **irhpress.co.jp**

THE FACT
ザ・ファクト
マスコミが報道しない
「事実」を世界に伝える
ネット・オピニオン番組

ザ・ファクト 検索

NEW STAR PRODUCTION
ニュースター・プロダクション

「新時代の美」を創造する芸能プロダクションです。多くの方々に良き感化を与えられるような魅力あふれるタレントを世に送り出すべく、日々、活動しています。 公式サイト **newstarpro.co.jp**

ARI Production
ARI《アリ》 Production《プロダクション》

タレント一人ひとりの個性や魅力を引き出し、「新時代を創造するエンターテインメント」をコンセプトに、世の中に精神的価値のある作品を提供していく芸能プロダクションです。 公式サイト **aripro.co.jp**

大川隆法　講演会のご案内

大川隆法総裁の講演会が全国各地で開催されています。講演のなかでは、毎回、「世界教師」としての立場から、幸福な人生を生きるための心の教えをはじめ、世界各地で起きている宗教対立、紛争、国際政治や経済といった時事問題に対する指針など、日本と世界がさらなる繁栄の未来を実現するための道筋が示されています。

2020 年 12 月8 日 さいたまスーパーアリーナ
「"With Savior"(ウィズ・セイビア)―救世主と共に―」

2019年10月6日 ザ ウェスティン ハーバー キャッスル トロント(カナダ)
「The Reason We Are Here」

2019 年 12 月 17 日 さいたまスーパーアリーナ
「新しき繁栄の時代へ」

2019年3月3日 グランド ハイアット 台北(台湾)
「愛は憎しみを超えて」

2019年7月5日 福岡国際センター
「人生に自信を持て」

講演会には、どなたでもご参加いただけます。
最新の講演会の開催情報はこちらへ。⟹ 大川隆法総裁公式サイト
https://ryuho-okawa.org